职业教育数字化融媒体特色教材
浙江省普通高校“十三五”新形态教材

国际贸易系列教材

FOREIGN TRADE ACCOUNTING

外贸会计核算

蔡玉娟　主　编
单嘉宁　副主编

ZHEJIANG UNIVERSITY PRESS
浙江大学出版社
·杭州·

图书在版编目(CIP)数据

外贸会计核算 / 蔡玉娟主编. —杭州：浙江大学出版社，2022.6(2025.7 重印)

ISBN 978-7-308-21763-7

Ⅰ.①外… Ⅱ.①蔡… Ⅲ.①外贸企业会计—教材 Ⅳ.①F740.45

中国版本图书馆 CIP 数据核字(2021)第 189459 号

外贸会计核算

WAIMAO KUAIJI HESUAN

蔡玉娟　主编

责任编辑　汪荣丽

责任校对　傅宏梁

封面设计　春天书装

出版发行　浙江大学出版社

(杭州市天目山路 148 号　邮政编码 310007)

(网址：http://www.zjupress.com)

排　　版　杭州朝曦图文设计有限公司

印　　刷　浙江新华数码印务有限公司

开　　本　787mm×1092mm　1/16

印　　张　11.5

字　　数　239 千

版 印 次　2022 年 6 月第 1 版　2025 年 7 月第 2 次印刷

书　　号　ISBN 978-7-308-21763-7

定　　价　47.00 元

外贸会计核算编委会

主　编:蔡玉娟

副主编:单嘉宁　韦世雷

编　委:陆金英　何雍泽　彭贵芝　邹其君

前　言

外贸会计是应用于外贸业务的专业会计。外贸企业的会计核算过程，既包括一般的会计核算方法和内容，又涉及复币记账、汇兑损益和出口退税等核心业务。本教材根据《企业会计准则》《企业财务通则》和《企业所得税法》，从高职高专教育理念和外贸会计的人才培养目标出发，以职业岗位为导向，以职业技术能力的培养为基点，按照高职学生的学习认知规律和职业素养养成规律组织教材内容，力求深入浅出，融基本知识和项目任务为一体，重视理论联系实际，突出技能实训，强化外贸会计的实践操作能力，实现“教、学、做”的统一。

【教材特点】

(1)内容架构：党的二十大报告指出：“推动货物贸易优化升级，创新服务贸易发展机制，发展数字贸易，加快建设贸易强国。”本教材认真贯彻党的二十大精神，根据外贸企业经营业务的特点和基本要求，共设置了外贸会计基本理论知识、外贸会计凭证、国际贸易方式和国际结算方式、外汇业务核算、外贸进出口业务、进出口货物税金及出口退税业务七个项目，基本涵盖了外贸企业经营业务所涉及的会计核算内容。

(2)项目单元：每个项目均包含主要内容导读、职业能力要求、情境引例、项目任务、知识卡片、拓展阅读、课程思政、项目练习与实验实训等内容，符合学生的认知规律，激发学生的学习兴趣，引导学生学习外贸会计知识、熟悉外贸会计核算内容、强化学生实践操作能力。

(3)课程思政：党的二十大报告指出：“育人的根本在于立德。全面贯彻党的教育方针，落实立德树人根本任务，培养德智体美劳全面发展的社会主义建设者和接班人。”外贸会计既包含会计核算与监督工作，又具有涉外性，与国际时事政治紧密相连。教材在编写过程中不仅注重外贸会计知识的传播，也将会计职业道德素养、国际政治经济时事等内容贯穿于整本教材，引导学生树立正确的人生观、价值观和世界观。

(4)税制和税率更新:教材补充了“营改增”从 2011 年试点至 2016 年在全国推开的三个阶段,更新了相应教学内容。同时,还将 2019 年调整的最新增值税税率补充至教材中。

【教材资源】

本教材提供了丰富的教学资源,包括对应的课程标准、授课计划、电子教案、教学 PPT、课程视频、课程思政教学案例、拓展阅读、在线练习题、实验实训资料以及课程考核试卷,读者可扫描教材上的二维码进行在线学习和测试。

【作者团队】

本教材由嘉兴职业技术学院蔡玉娟任主编,单嘉宁、韦世雷任副主编,陆金英、何雍泽、彭桂芝等老师共同参与编写。

本教材由校企合作完成。诚挚感谢嘉兴市澳杰进出口贸易有限公司为本教材提供的业务资料,感谢嘉兴市税务局和中国建设银行嘉兴分行为本教材提供的政策解读与指导,感谢嘉兴职业技术学院宫相荣教授为本教材提供宝贵的前期成果。此外,我们衷心感谢所有关心、支持本教材编写工作的领导、同事和朋友。

本教材凝聚了编写组成员在外贸会计教学及工作中多年来的经验、体会和辛勤付出,由于水平有限,教材及配套的电子教学资源中难免存在疏漏和不足之处,敬请广大读者提出宝贵意见,使本教材不断得到改进和完善。

编　者

2024 年 1 月

视频:课程介绍　　视频:课程考核标准

目 录

项目一　外贸会计基础知识

主要内容导读

本项目主要设置了三个学习情境：外贸企业会计概述、外贸企业会计要素和会计科目、复式记账原理。学习情境一的具体学习任务涉及外贸企业会计的对象和特点、会计核算基础和基本假设；学习情境二主要介绍了外贸企业会计要素和会计科目；学习情境三介绍了复式记账原理。

职业能力要求

掌握外贸企业会计的对象和特点；

掌握外贸企业会计要素和会计科目；

掌握复式记账原理及具体运用。

课程思政

外贸会计核算工作的对象是外贸企业进出口商品流转中的资金及其运动，所遵循的核算方法依然是会计学原理。本项目主要是对基础会计主要原理知识进行简单梳理和总结，为学生学习外贸会计做好准备。外贸会计核算工作同样需要遵循会计职业基本道德规范。

情境引例

嘉兴市澳杰公司于2021年11月17日出口五金配件一批，货款15万美元。2022年1月27日收到外汇账款15万美元。

项目任务

请问：嘉兴市澳杰公司收到的这15万美元的外汇收入，应该在何时确认？

PPT 课件

学习情境一　外贸企业会计概述

一、外贸企业会计的对象

外贸企业会计是应用于外贸业务的专业会计，它的职能是对外贸企业经济活动及外向型企业外贸业务活动进行会计核算和监督。外贸企业会计对象，就是进出口商品流转中的资金及其运动。

外贸企业要进行正常的经营活动，必须拥有一定数量的商品储备和物资设备。这些商品和设备的货币表现以及货币资金，构成外贸企业的经营资金，简称资金。经营资金的构成、分布和存在形态，称为资金占用或资金运用。取得的经营资金渠道，称为资金来源。

外贸企业的商品流通包括进口和出口两种业务经营过程，使用本国货币和外币两种以上货币，因而在出口经营活动中，企业要将出口商品销售所得外汇，按照国家规定与银行结汇；在进口经营活动中，要使用人民币向银行购买外汇支付货款。外贸企业进出口业务会计对象如图 1-1、图 1-2 所示。

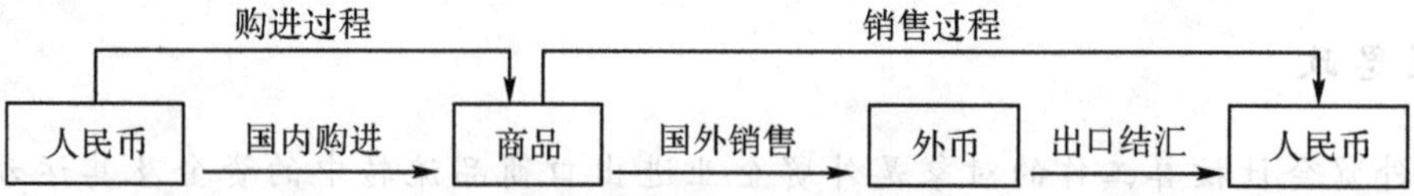

图 1-1　外贸企业会计对象(出口业务)

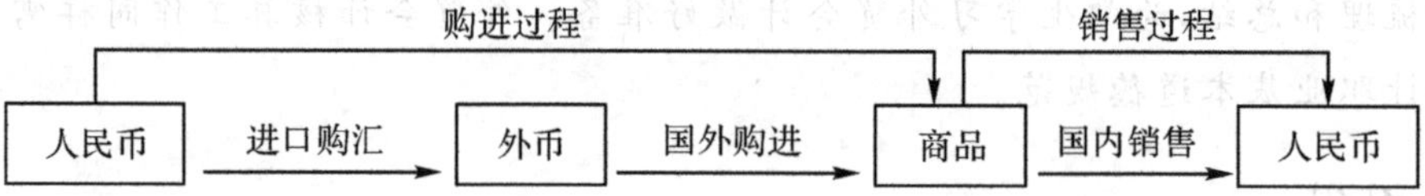

图 1-2　外贸企业会计对象(进口业务)

二、外贸企业会计的特点

外贸企业会计的特点是由外贸企业经营业务的特点所决定的，主要有以下三个方面。

(一)采用复币记账

外贸企业经营的出口和进口业务都涉及外币结算，而我国外贸企业主要是以人民币为记账本位币，因此涉及的外汇业务在填制记账凭证和登记会计账簿时，应填制或登记外币数额,以外币的数额为基数,按照折算率填制或登记人民币数额,同时核算人民币和外币。

(二)反映汇兑损益

在浮动汇率制度下,外币与人民币的汇率经常会发生波动,从而产生汇兑损益。为了反映汇兑损益对外贸企业经营成果的影响,根据重要性原则,需要单独设置“汇兑损益”账户进行核算。

(三)核算出口退税

我国为了使外贸企业能够公平地在国际市场上参与竞争,对出口商品采取了国际上通行的退税政策。外贸企业通过对出口退税的核算,以掌握出口退税额对营业利润的影响。

此外,外贸会计中还有可能接触到一些国际贸易业务的相关概念,例如:报关、信用证、贴现、购汇、结汇、外币核算、结转汇兑损益、出口退税、关税、进口增值税、贸易术语、换汇成本等。

三、会计核算基本假设

外贸企业会计核算同样遵循一般企业会计核算的四大基本假设。会计核算的基本假设是指进行会计核算时必须明确的前提条件,也称为会计前提。它是对会计核算的空间、时间、运营趋势和计量事宜所做出的假定。会计核算之所以需要一些基本假设,是因为企业在运营过程中存在着一些不确定因素,在会计处理上难以从正面做出判断和估计,而为了依照现时的情况进行正常的业务处理,就需要先行设定一些基本前提。因此,会计核算的基本前提是对会计领域里存在的某些未知并无法正面论证的事项所做出的符合客观情理的推断和假设。会计核算的基本假设包括会计主体、持续经营、会计分期和货币计量四项。

视频:会计基本假设

(一)会计主体

会计主体,又称会计实体,是进行会计核算和监督的特定单位或组织,它界定的是从事会计工作和提供会计信息的空间范围。明确该前提的意义在于:一是将特定主体的经济活动与该主体的所有者及职工的经济活动区别开来;二是将该主体的经济活动与其他单位的经济活动区别开来。这就界定了从事会计工作和提供会计信息的空间范围,同时说明某会计主体的会计信息仅与会计主体的经济活动和成果相关。因此,会计主体这一前提为会计人员在日常的会计核算中对各项交易或事项做出正确判断,对会计处理方法和程序做出正确选择提供了依据。应当指出的是,会计主体与法人是两个不同的概念。会计主体不一定是法人,而法人则必定是一个会计主体,如某公司是一个法人,也是一个会计主体,而公司下属的分公司实行独立核算,也是一个会计主体,但它不能单独承担法律责任,因此不是一个法人。

(二)持续经营

持续经营是指会计主体在可以预见的未来,将根据正常的经营方针和既定的经营目标,按当前的规模和状态继续经营下去。即在可预见的未来,该会计主体不会破产和清算,所持有的资产将正常运营,所负的债务将正常偿还,所采用的会计核算方法将正常运用。当然,可预见的未来不是遥远无期,企业也不可能无限期地经营下去。任何企业都不可能长盛不衰。企业一旦进入破产和清算,持续经营就将被清算所代替,从而使这一前提不复存在。明确这一前提的意义在于:它可以使会计原则和相关方法建立在非清算的基础上,从而为解决很多常见的资产计价和收益确认奠定了基础。如固定资产折旧的提取和无形资产的摊销等,有了这一前提就可将历史成本分摊到各个会计期间或相关产品的成本、费用中去。反之,若没有持续经营为前提,固定资产和无形资产就不能采用历史成本进行计提和摊销。

(三)会计分期

会计分期是指将会计主体持续经营的生产活动人为地划分为若干个连续的、相等的会计期间。所以,会计分期又称为会计期间。之所以要进行会计分期,是因为按照持续经营前提,企业的生产经营活动将持续不断地进行。但为了及时地获取会计信息,充分发挥会计核算和监督职能,就不可能在企业停止运转时再一并计算盈亏。《企业会计制度》明确规定:“会计核算应当划分会计期间,分期结算账目和编制财务会计报告。会计期间分为年度、半年度、季度和月度。年度、半年度、季度和月度均按公历起讫日期确定。半年度、季度和月度均称为会计中期。”明确这一前提的意义在于划分连续且相等的会计期间,分期结算账目,及时编制财务会计报告,满足相关方面对会计信息的需求,否则,没有核算提供信息,监督就难以有效开展。

(四)货币计量

货币计量是指企业会计主体在会计核算过程中采用货币作为计量单位,计量、记录和报告会计主体的经营活动及结果。之所以要用货币计量,是因为货币是商品的一种等价物,是衡量各种商品价值的共同尺度,能综合反映会计主体的生产经营情况和财务收支的结果。《企业会计制度》明确规定:“企业的会计核算以人民币为记账本位币。业务收支以人民币以外货币为主的企业,可以选定其中一种货币作为记账本位币,但编报的财务会计报告应当折算为人民币。在境外设立的中国企业向国内报送的财务会计报告,应当折算为人民币。"明确这一前提的意义在于统一了计量单位,这样既有利于会计的核算与监督,也便于进行会计信息的比较与分析。

四、会计核算基础

(一)权责发生制

权责发生制又称应计制,它是以收入和费用是否发生,而不是以款项是否收付为标准来确认、计量、记录和报告收入和费用的一种会计处理制度。《企业会计准则——基本准则》明确规定:"企业应当以权责发生制为基础进行会计确认、计量和报告。"按照这个基础:凡是当期已经实现的收入和已经发生或应当负担的费用,不论款项是否收付,都应当作为当期的收入和费用进行会计处理。反之,凡是不属于当期的收入和费用,即使款项已在当期收付,也不应当作为当期的收入和费用,而应将其记入所属的期间和账户。

视频:会计核算基础

(二)收付实现制

收付实现制又称现收现付制,它是以款项实际收付为标准,而不以应归属的期间为标准来确认、计量、记录和报告收入和费用的一种会计处理制度。收付实现制是行政事业单位会计核算的基础。按此基础:凡是在当期已经收付的款项,不论其应归属哪个期间,均作为当期收入和费用进行会计处理。反之,即便收入和费用应归属本期,但款项在本期没有收付,也就不能在本期进行收入和费用确认的会计处理。

学习情境二　外贸企业会计要素和会计科目

PPT 课件

一、外贸企业会计要素

为了具体实施会计核算,必须对会计核算和监督的内容进行分类。会计要素是指对会计对象所进行的基本分类,也是会计核算对象的具体化。我国《企业会计准则——基本准则》将会计要素分为六大类,即资产、负债、所有者权益、收入、费用和利润。其中,资产、负债和所有者权益三项会计要素表现为资金运动的相对静止状态，即反映企业财务状况的会计要素；收入、费用和利润三项会计要素表现为资金运动的显著变动状态，即反映企业经营成果的会计要素。会计要素为会计分类核算奠定了基础，为编制会计报表构筑了基本框架，同时也是设置账户的基本依据。

(一)资产

视频:资产

资产是指企业过去的交易或者事项形成的，由企业拥有或者控制的经济资源，该资源预期会给企业带来经济利益。它包括各种财产、债权和其他权利。拥有或控制一定数量的资产，是企业进行生产经营活动的前提条件。

1.资产的特征

作为会计要素的资产，应具备以下四个方面的特征：

一是资产是由过去的交易或事项形成的。也就是说，资产是过去已经发生的交易或事项所产生的结果，必须是现实的资产，而不能是预期的资产。对于未来交易或事项可能产生的结果不能作为资产予以确认。

二是资产必须为企业拥有或控制。也就是说，资产应该由企业所拥有，即使不为企业所拥有，也是企业所控制的。一项资源要作为企业资产予以确认，企业应该拥有该项资源的所有权，或可以按照自己的意愿使用或处置资产。例如：企业通过融资租赁方式取得的机器设备，虽然不为企业所拥有，但为企业所控制，所以该机器设备可以确认为企业的资产。

三是资产能够给企业带来预期的经济利益。经济利益是指直接或间接地流入企业的现金或现金等价物。在生产经营活动中，凡是能够给企业提供未来经济利益的资源都可以成为资产，但资产必须具有使用价值与交换价值。没有经济价值，不能给企业带来经济利益的项目，就不能确认为企业的资产。

四是资产必须能够用货币计量。一项资源如果不能用货币来计量，就失去了会计核算的基础，也就无法将其作为会计要素来确认。

2.资产的分类

资产按其流动性不同，可分为流动资产和非流动资产。

(1)流动资产。流动资产是指可以在一年或超过一年的一个营业周期内变现或耗用的资产，主要包括库存现金、银行存款、交易性金融资产、应收及预付款项、待摊费用、存货等。

(2)非流动资产。非流动资产是指在一年或超过一年的一个营业周期内不能变现或耗用的资产，包括长期股权投资、固定资产、无形资产和其他资产等。

(二)负债

负债是指企业过去的交易或者事项形成的预期会导致经济利益流出企业的现时义务。

1.负债的特征

作为会计要素的负债,应具备以下四个方面的特征:

一是负债是由过去的交易或事项形成的。也就是说,导致负债的交易或事项必须已经发生。只有源于已经发生的交易或事项,会计上才有可能确认为负债。对于企业正在筹划的未来交易或事项,如企业的业务计划等,并不构成企业的负债。

二是负债的清偿预期会导致经济利益流出企业。负债通常是需要在未来某一时日通过交付资产(包括现金与其他资产)或提供劳务来清偿。

三是负债必须能用货币准确合理地计量。凡是不能以货币计量的经济责任,均不能确认为会计上的负债。

四是负债必须有确切的受款人和偿还日期,或者可以合理确定债权人和偿付日期。

2.负债的分类

负债按其偿还期限的不同,可分为流动负债和长期负债。

(1)流动负债。流动负债是指将在一年或者超过一年的一个营业周期内偿还的债务,主要包括短期借款、应付票据、应付账款、预收账款、应付职工薪酬、应交税费、应付利息、应付股利、预提费用、其他应付款等。

(2)长期负债。长期负债是指偿还期限在一年或超过一年的一个营业周期以上的债务,包括长期借款、应付债券和长期应付款等。

(三)所有者权益

所有者权益是指企业的投资人(企业所有者)在企业资产中享有的经济利益,是企业的全部资产减去全部负债后的差额,即企业的净资产。所有者权益主要包括实收资本、资本公积、盈余公积和未分配利润。其中,盈余公积和未分配利润又统称为留存收益。

1.实收资本

实收资本是指企业的投资者按照企业章程或者合同、协议的约定,实际投入企业的资本,是企业所有者权益构成的主体,是企业注册成立的基本条件之一,也是企业正常运行所必需的资金和承担民事责任的财力保证,在股份有限公司中称为“股本”。

2. 资本公积

资本公积是指企业收到投资者的超出其在企业注册资本(或股本)中所占份额的投资,以及直接计入所有者权益的利得和损失等。资本公积包括资本溢价(或股本溢价)和直接计入所有者权益的利得和损失等。资本公积还可以按照法定的程序转增资本或股本。

3. 盈余公积

盈余公积是指企业按规定从净利润中提取的企业积累资金。一般企业和股份有限公司的盈余公积包括法定盈余公积和任意盈余公积。企业可以用盈余公积弥补亏损、转增资本或股本,在符合规定条件的情况下,企业也可用盈余公积分派现金股利或利润。

4. 未分配利润

未分配利润是指企业留于以后年度分配的利润或待分配利润。如果企业发生亏损,则为未弥补亏损,可以按规定由以后连续5年内的利润进行弥补。

(四)收入

收入是指企业在销售商品、提供劳务及让渡资产使用权等日常活动中形成的经济利益的总流入。

1. 收入的特征

收入不包括为第三方或客户代收的款项。对于企业来说,收入是补偿费用、取得利润的源泉。收入一般具有以下四个方面的特征:

一是收入产生于企业日常活动的全过程,而不是从偶发的交易或事项中产生,如企业销售商品、提供劳务的收入等。

二是收入的实现可能表现为企业资产的增加,也可能表现为企业负债的减少,或者同时表现为资产的增加和负债的减少等,如赊销时产生的债权、以商品抵偿债务等。

三是收入最终会使企业所有者权益增加。由于收入能使资产增加或负债减少或两者兼而有之,因此,企业取得收入一定能使所有者权益增加。

四是收入只包括本企业经济利益的流入,不包括为第三方或客户代收的款项,如代收增值税、代销款等。

2. 收入的分类

收入按企业经营业务的主次不同,可分为主营业务收入和其他业务收入。

(1)主营业务收入。主营业务收入是指企业销售商品、提供劳务及让渡资产使用权等正常经营活动所取得的收入。

(2)其他业务收入。其他业务收入是指除主营业务以外的其他销售或其他业务所取得的收入,包括材料销售、包装物出租、代购代销等业务取得的收入。

(五)费用

费用是指企业在销售商品、提供劳务等日常活动中所发生的经济利益的总流出。

1.费用的特征

费用包括企业在施工过程中发生的建造费用、在筹资过程中发生的筹资费用、在采购过程中发生的采购费用、在生产过程中发生的生产费用、在销售过程中发生的销售费用、在经营管理过程中发生的管理费用、企业承担的所得税费以及所遭受的财产损失等。因此,费用应具有以下三个方面的特征:

一是费用发生于企业生产经营管理活动的全过程,既有因日常活动而发生的费用,如筹资费用、生产费用、销售费用、管理费用、所得税费用等,也有因偶发的交易或事项而遭受的财产损失,如罚款损失、资产盘亏损失、非常损失等。

二是费用的发生会引起企业所有者权益减少。费用既可能表现为资产的减少(如减少现金、原材料等),也可能表现为负债的增加(如增加应交税费、应付职工薪酬等)。一般情况下,费用的发生总是为了获取一定时期的收入,因此,费用应从本期收入中得到补偿。

三是费用会引起企业经济利益的总流出,具体表现为资产的减少或负债的增加,或者两者兼有之。企业要进行生产经营活动必然会发生一定的费用,费用是经营成果的扣除要素,收入扣除相应费用后形成一定期间的利润。

2.费用的分类

费用按经济用途的不同,可分为应计入产品成本的费用和不应计入产品成本的费用。

(1)应计入产品成本的费用。应计入产品成本的费用又可分为直接费用和间接费用。其中,直接费用包括直接材料、直接人工和其他直接费用;间接费用主要指制造费用。

(2)不应计入产品成本的费用。不应计入产品成本的费用主要指期间费用。期间费用是指企业当期发生的必须从当期收入中得到补偿的费用,主要包括:企业行政管理部门为组织和管理生产经营活动而发生的管理费用、为筹集资金而发生的财务费用,以及为销售商品而发生的销售费用等。由于期间费用不参与成本计算,所以期间费用应直接计入当期损益。

(六)利润

利润是指企业在一定会计期间的经营成果,是企业生产经营过程中全部收入减去全部费用后的净额。

1.利润的特征

利润具有以下三个方面的特征：

一是利润是收入和费用两个会计要素相互配比的结果。当某一会计期间的收入大于费用时，表现为企业盈利，反之则表现为企业亏损。

二是利润的形成会使所有者权益发生增减变动，盈利的发生会使所有者权益增加，而亏损的发生则会造成所有者权益减少。

三是我国《企业会计准则——基本准则》界定的利润，是广义上的收入与狭义上的费用相抵后的差额。

2.利润的分类

按照利润的构成形式，利润包括营业利润、利润总额和净利润三部分。其计算公式如下：

营业利润＝营业收入－营业成本－税金及附加－期间费用
－资产减值损失＋公允价值变动净收益＋投资净收益

利润总额＝营业利润＋营业外收入－营业外支出

净利润＝利润总额－所得税费用

二、会计恒等式

会计恒等式是指表明各会计要素之间数量关系的恒等式。会计恒等式又称为会计平衡公式或会计方程式。它揭示了各项会计要素之间的内在联系，是设置账户、复式记账和编制会计报表的理论依据。

视频：会计恒等式

(一)资产＝负债＋所有者权益

这是最基本的会计恒等式。该恒等式反映了企业资产来源于两条渠道：一是所有者投入的资本；二是举债借入的资金。这一平衡公式反映了资产、负债和所有者权益三个会计要素之间的数量关系以及企业资产的归属，是企业的资金运动在一定时点上的静态平衡反映，也是编制资产负债表的依据。

(二)收入－费用＝利润

企业的目标就是从生产经营过程中获取收入，实现盈利。企业在取得收入的同时，也必然会产生相应的费用。收入与费用相互比较的结果，就是企业在一定时期所获得的利润或发生的亏损。这一等式反映了一定时期内收入、费用和利润三个会计要素之间的经济关系，以及在一定时期内的企业经营成果的形成过程。因此，该等式是企业的资金运动在一定时点上的动态平衡反映，也是编制利润表的依据。

(三)资产+费用=负债+所有者权益+收入

企业在一定时期内获得的经营成果能够对资产和所有者权益产生影响,如果收入大于费用,企业就实现了利润,所有者权益将会增加;反之,企业就发生了亏损,所有者权益将会减少。收入可以使企业资产增加或负债减少,最终使所有者权益增加;费用可以使企业资产减少或负债增加,最终使所有者权益减少。因此,将这种关系用公式可表示为:

资产=负债+所有者权益+利润

资产=负债+所有者权益+(收入-费用)

或　　资产+费用=负债+所有者权益+收入

上述等式将会计的六大要素有机结合起来,完整地反映了企业的资金运动过程,揭示了资产负债表和利润表要素内部及其相互之间的联系和依存关系。

三、外贸企业会计科目

设置会计科目是为了全面、系统地反映和监督企业发生的各项经济活动,分门别类地为经济管理提供会计信息。通过设置会计科目,对会计要素的具体内容进行科学分类,可以为会计信息的使用者提供科学的、详细的分类指标数据。因此,会计科目是指对会计对象的具体内容在按照会计要素分类的基础上进一步分类的项目。外贸企业属于商品流通领域,并执行商品流通企业会计制度,使用商品流通企业会计科目,同时,根据外贸企业经营特点,又新增了以下会计科目。

(一)资产类

资产类新增的会计科目有:外汇存款、应收外汇账款、预付外汇账款、库存出口商品、库存进口商品、库存其他商品等。

(二)负债类

负债类新增的会计科目有:外汇借款、应付外汇账款、预收外汇账款等。

(三)损益类

损益类新增的会计科目有:出口商品销售收入、进口商品销售收入、其他商品销售收入、出口商品销售成本、进口商品销售成本、其他商品销售成本等。同时,可在出口销售收入与成本科目下,设置“自营”“代理”“易货贸易”“补偿贸易”等二级科目;在进口销售收入与成本科目下,设置“自营”“代理”“易货贸易”“国家调拨”等二级科目,根据需要也可将其提为一级科目。外贸企业的会计科目如表1-1所示。

表 1-1 会计科目表

顺序号	编号	名称	顺序号	编号	名称
		一、资产类	31	1511	长期股权投资
1	1001	库存现金	32	1512	长期股权投资减值准备
2	1002	银行存款	33	1521	投资性房地产
3	1003	备用金	34	1522	投资性房地产累计折旧
4	1015	其他货币资金	35	1523	投资性房地产减值准备
5	1101	交易性金融资产	36	1531	长期应收款
6	1121	应收票据	37	1601	固定资产
7	1122	应收账款	38	1602	累计折旧
8	1123	应收外汇账款	39	1603	固定资产减值准备
9	1124	预付账款	40	1604	在建工程
10	1125	预付外汇账款	41	1605	工程物资
11	1131	应收股利	42	1606	固定资产清理
12	1132	应收利息	43	1701	无形资产
13	1220	应收出口退税	44	1702	累计摊销
14	1221	其他应收款	45	1703	无形资产减值准备
15	1231	坏账准备	46	1711	商誉
16	1321	受托代销产品	47	1801	长期待摊费用
17	1402	在途物资	48	1811	递延所得税资产
18	1403	原材料	49	1901	待处理财产损溢
19	1405	库存商品			二、负债类
20	1406	发出商品	50	2001	短期借款
21	1407	委托代销商品	51	2101	交易性金融负债
22	1408	商品进销差价	52	2201	应付票据
23	1409	委托加工物资	53	2202	应付账款
24	1411	包装物	54	2203	应付外汇账款
25	1412	低值易耗品	55	2204	预收账款
26	1471	存货跌价准备	56	2205	预收外汇账款
27	1481	待摊费用	57	2211	应付职工薪酬
28	1501	持有至到期投资	58	2221	应交税费
29	1502	持有至到期投资减值准备	59	2231	应付利息
30	1503	可供出售金融资产	60	2232	应付股利

续表

顺序号	编号	名称	顺序号	编号	名称
61	2241	其他应付款	80	6002	自营进口销售收入
62	2314	受托代销商品款	81	6003	自营其他销售收入
63	2401	递延收益	82	6051	其他业务收入
64	2501	长期借款	83	6061	汇兑损益
65	2502	应付债券	84	6101	其他收益
66	2701	长期应付款	85	6111	投资收益
67	2711	专项应付款	86	6112	公允价值变动损益
68	2801	预计负债	87	6113	资产处理损益
69	2901	递延所得税负债	88	6301	营业外收入
		三、所有者权益	89	6401	自营出口销售成本
70	4001	实收资本(股本)	90	6402	自营进口销售成本
71	4002	资本公积	91	6403	自营其他销售成本
72	4003	其他综合收益	92	6405	其他业务成本
73	4101	盈余公积	93	6406	税金及附加
74	4103	本年利润	94	6601	销售费用
75	4104	利润分配	95	6602	管理费用
76	4201	库存股	96	6603	研发费用
		四、成本类	97	6604	财务费用
77	5201	劳务成本	98	6701	资产减值损失
78	5301	研发支出	99	6711	营业外支出
		五、损益类	100	6801	所得税费用
79	6001	自营出口销售收入	101	6901	以前年度损益调整

来源:《企业会计准则——应用指南》。

学习情境三 复式记账原理

PPT 课件

一、复式记账原理

为了全面、连续、系统地核算和监督企业的经济活动所引起的会计要素增减变化及其结果,提供经营管理所需要的会计信息,除了设置会计科目、开设账户外,还需要采用一定的记账方法将会计要素的增减变动情况登记在账户中。所谓记账方法是指，按照一定的规则，使用一定的符号，在账户中登记会计要素增减变动的技术方法。记账方法按记账方式的不同，可分为单式记账法和复式记账法两种。其中，复式记账法主要有借贷记账法、增减记账法和收付记账法。《企业会计准则——基本准则》中明确规定，企业应当采用借贷记账法记账。

二、借贷记账法

借贷记账法是指以“借”“贷”作为记账符号，以“有借必有贷，借贷必相等”作为记账规则，反映会计要素增减变动情况的一种复式记账方法。

（一）借贷记账法下的账户及其结构

账户是根据会计科目设置的，具有一定格式和结构，用于分类记录和计算会计要素增减变动情况及其结果的载体。每个账户都有一个名称，在账簿中拥有一定的账页，具有规定的账页格式。账户的设置与会计科目的分类密切相关，即根据总分类科目开设总分类账户，根据明细分类科目开设明细分类账户。

在借贷记账法下，账户的基本结构是：左方为借方，右方为贷方。但哪一方登记增加，哪一方登记减少，则要根据账户反映的经济内容决定，余额一般在登记增加的一方，下面分别说明各类账户的结构。

1. 资产类账户结构

资产类账户期初余额在借方，本期发生的增加额登记在借方，本期发生的减少额登记在贷方，期末余额在借方，表示资产的实际结存额。

视频：账户的结构

资产类账户的发生额与余额之间的关系，用公式表示如下：

期末借方余额＝期初借方余额＋本期借方发生额合计－本期贷方发生额合计

资产类账户基本结构如图 1-3 所示。

借方　　　　资产类账户	贷方
期初余额××××	
本期增加额××××	本期减少额××××
本期发生额合计××××	本期发生额合计××××
期末余额××××	

图 1-3　资产类账户基本结构

2. 负债类账户结构

负债类账户期初余额在贷方，本期发生的增加额登记在贷方，本期发生的减少额登记在借方，期末余额在贷方，表示负债的实际数额。

该类账户的发生额与余额之间的关系，用公式表示如下：

期末贷方余额＝期初贷方余额＋本期贷方发生额合计－本期借方发生额合计

负债类账户基本结构如图1-4所示。

借方　　负债类账户	贷方
	期初余额××××
本期减少额××××	本期增加额××××
本期发生额合计××××	本期发生额合计××××
	期末余额××××

图1-4　负债类账户基本结构

3. 所有者权益类账户结构

所有者权益类账户期初余额在贷方，本期发生的增加额登记在贷方，本期发生的减少额登记在借方，期末余额在贷方，表示所有者权益的实际数额。

该类账户的发生额与余额之间的关系，用公式表示如下：

期末贷方余额＝期初贷方余额＋本期贷方发生额合计－本期借方发生额合计

所有者权益类账户基本结构如图1-5所示。

借方　　所有者权益类账户	贷方
	期初余额××××
本期减少额××××	本期增加额××××
本期发生额合计××××	本期发生额合计××××
	期末余额××××

图1-5　所有者权益类账户基本结构

4. 成本类账户结构

成本类账户期初余额在借方，本期发生的增加额登记在借方，本期发生的减少额登记在贷方，期末余额在借方，表示在产品和半成品实际占用资金的数额。

成本类账户的发生额与余额之间的关系，用公式表示如下：

期末借方余额＝期初借方余额＋本期借方发生额合计－本期贷方发生额合计

成本类账户基本结构如图 1-6 所示。

借方	成本类账户　　　　　　贷方
期初余额××××	
本期增加额××××	本期减少额××××
本期发生额合计××××	本期发生额合计××××
期末余额××××	

图 1-6　成本类账户基本结构

5. 费用类账户结构

费用类账户结构与资产类和成本类账户结构基本相同。具体来说，相同之处是账户的借方登记其增加额，贷方登记其减少额或转销额；不同之处在于，期初和期末均无余额。费用类账户基本结构如图 1-7 所示。

借方	费用类账户　　　　　　贷方
本期增加额××××	本期减少额××××
本期发生额合计××××	本期发生额合计××××

图 1-7　费用类账户基本结构

6. 收入类账户结构

收入类账户结构与负债类及所有者权益类账户结构基本相同。具体来说，相同之处是账户的贷方登记其增加额，借方登记其减少额或转销额；不同之处在于，期初和期末均无余额。收入类账户基本结构如图 1-8 所示。

借方	收入类账户　　　　　　贷方
本期减少额××××	本期增加额××××
本期发生额合计××××	本期发生额合计××××

图 1-8　收入类账户基本结构

视频：借贷记账法

(二)借贷记账法的理论依据

借贷记账法的理论依据是会计恒等式：

资产＋费用＝负债＋所有者权益＋收入

在采用借贷法进行会计核算时，任何一项经济业务的发生，无论会计要素发生什么样的增减变动，都不会改变会计恒等式的平衡关系。否则，就这说记账过程中发生了错误。

(三)借贷记账法的记账规则

借贷记账法的记账规则为“有借必有贷，借贷必相等”，是根据以下两个方面的原理来确定的。

第一，根据复式记账的原理，对每一项经济业务都必须以相等的金额在两个或两个以上相互联系的账户中进行登记。

第二，根据借贷记账法账户结构的原理，对每一项经济业务涉及金额的增减都必须以相反的方向进行登记。

因此，借贷记账法要求对每一项经济业务都要按借贷相反的方向，以相等的金额，在两个或两个以上相互联系的账户中进行登记。也就是说，对每一项经济业务，要在记入一个账户借方的同时，也要记入一个或几个账户的贷方；或者在记入一个账户贷方的同时，也要记入另一个或几个账户的借方，而且记入借方的金额必须等于记入贷方的金额。

(四)借贷记账法的记账步骤

在运用借贷记账法的记账规则登记经济业务时，一般应按以下四个步骤进行：

一是定账户，确定经济业务中涉及哪些会计账户的增减变动。

二是定属性，确定经济业务中所涉及账户的性质。

三是定方向，根据账户的性质及其增减变动的情况，确定其借贷方向。

四是定金额，根据经济业务发生时所取得的原始凭证确定经济业务的发生额。

三、借贷记账法经济业务举例

下面以嘉兴市澳杰公司 2021 年 6 月发生的经济业务为例来说明借贷记账法的记账规则。

【例 1-1】 6 月 3 日，公司从银行取得短期借款 50 000 元，存入银行。

这项经济业务的发生，一方面使公司的资产项目银行存款增加了 50 000 元，另一方面使公司的负债项目——短期借款增加了 50 000 元。

因此，这项经济业务涉及“银行存款”和“短期借款”两个账户。根据账户结构的规定，“银行存款”账户应记入借方，同时，“短期借款”账户应记入贷方。

其登记结果如下：

借方	银行存款	贷方
〔1—1〕50 000		

借方	短期借款	贷方
		〔1—1〕50 000

【例 1-2】 6 月 8 日，公司接受 A 公司投入资本 200 000 元，存入银行。

这项经济业务的发生，一方面使公司的资产项目——银行存款增加了200 000 元，另一方面使公司的所有者权益项目——实收资本增加了 200 000 元。

因此，这项经济业务涉及“银行存款”和“实收资本”两个账户。根据账户结构的规定，“银行存款”账户应记入借方，同时，“实收资本”账户应记入贷方。

其登记结果如下：

借方	银行存款	贷方
〔1—2〕200 000		

借方	实收资本	贷方
		〔1—2〕200 000

【例 1-3】 6 月 11 日，公司以银行存款偿还前欠 B 公司的应付账款 80 000 元。

这项经济业务的发生，一方面使公司的资产项目——银行存款减少了80 000 元，另一方面使公司的负债项目——应付账款减少了 80 000 元。因此，这项经济业务涉及“银行存款”和“应付账款”两个账户。根据账户结构的规定，“应付账款”账户应记入借方，同时，“银行存款”账户应记入贷方。

其登记结果如下：

借方	应付账款	贷方
〔1—3〕80 000		

借方	银行存款	贷方
		〔1—3〕80 000

【例 1-4】 6 月 15 日，公司从银行提取库存现金 100 000 元。

这项经济业务的发生，一方面使公司的资产项目——库存现金增加了100 000 元，另一方面使公司的资产项目——银行存款减少了 100 000 元。因此，这项经济业务涉及“库存现金”和“银行存款”两个账户。根据账户结构的规定，“库存现金”账户应记入借方，同时，“银行存款”账户应记入贷方。

其登记结果如下：

借方	库存现金	贷方
〔1－4〕100 000		

借方	银行存款	贷方
		〔1－4〕100 000

【例 1-5】 6 月 20 日，公司接到银行通知，已用公司存款支付水电费 3 500 元。

这项经济业务的发生，一方面使公司的费用项目——管理费用增加了3 500 元，另一方面使公司的资产项目——银行存款减少了 3 500 元。因此，这项经济业务涉及“管理费用”和“银行存款”两个账户。根据账户结构的规定，“管理费用”账户应记入借方，同时，“银行存款”账户应记入贷方。

其登记结果如下：

借方	管理费用	贷方
〔1－5〕3 500		

借方	银行存款	贷方
		〔1－5〕3 500

【例 1-6】 6 月 28 日，公司销售产品取得销售收入 60 000 元，款项尚未收到。（暂不考虑交纳的增值税）

这项经济业务的发生，一方面使公司的资产项目——应收账款增加了60 000 元，另一方面使公司的收入项目——主营业务收入增加了 60 000 元。因此，这项经济业务涉及“应收账款”和“主营业务收入”两个账户。根据账户结构的规定，“应收账款”账户应记入借方，同时，“主营业务收入”账户应记入贷方。

其登记结果如下：

借方	应收账款	贷方
〔1－6〕60 000		

借方	主营业务收入	贷方
		〔1－6〕60 000

通过上述例题，我们可以概括出采用借贷记账法可能遇到的情况：不管是资产类与负债类及所有者权益类会计要素同增或同减的经济业务，还是在资产类会计

要素内部或者负债类及所有者权益类会计要素内部一增一减的经济业务，都适用于“有借必有贷，借贷必相等”的记账法则。

课程思政案例

项目一 案例

项目一 实验实训

一、会计要素的理解和应用

（一）实验资料

黄河公司2021年6月30日收入、费用情况如下：

（1）销售A产品取得收入50 000元。

（2）结转已销A产品的制造成本30 000元。

（3）银行的利息及手续费1 000元。

（4）行政管理部门的水电费2 000元。

（5）销售产品应交纳的消费税4 000元。

（6）销售B产品取得收入80 000元。

（7）结转已销B产品的制造成本50 000元。

（8）销售企业不需用的材料20 000元。

（9）结转已销材料的进货成本16 000元。

（10）广告宣传费5 000元。

（11）对外投资收入18 000元。

（12）罚没收入15 000元。

（13）捐赠支出10 000元。

（14）所得税16 250元。

（二）实验要求

将上述各项经济业务的金额填入对应的会计要素，并将所用会计科目填入表1-2对应处。

表 1-2　收入、费用、利润和会计科目确认　　单位:元

序号	项目	会计科目	收入	费用	利润
1	销售 A 产品取得收入				
2	结转 A 产品的制造成本				
3	银行的利息及手续费				
4	行政管理部门的水电费				
5	销售产品应交纳的消费税				
6	销售 B 产品取得收入				
7	结转 B 产品的制造成本				
8	销售企业不需用的材料				
9	结转材料的进货成本				
10	广告宣传费				
11	对外投资收入				
12	罚没收入				
13	捐赠支出				
14	所得税				
合　计					

二、会计等式的理解和应用

(一)实验资料

某企业 2020 年 12 月 31 日和 2021 年初相关资料如下:

(1)该企业 2020 年 12 月 31 日部分资产、负债及所有者权益明细如表 1-3 所示。

表 1-3　部分资产、负债及所有者权益明细　　单位:元

资产	金额	负债及所有者权益	金额
银行存款	26 800	短期借款	48 000
应收账款	35 000	长期借款	26 000
原材料	22 000	实收资本	260 000
库存商品	20 000	盈余公积	9 800
固定资产	240 000		
合计	343 800	合计	343 800

(2)该企业 2021 年 1 月发生的部分经济业务如下:

①销售产品一批,货款 28 000 元,款项尚未收到(忽略增值税)。

②本月应付行政管理部门某职工工资 5 000 元。

(二)实验要求

(1)根据表1-3资料,计算并列出2020年12月31日的会计等式。

(2)根据表1-3资料及2021年1月发生的经济业务,计算并列出2021年1月31日扩展的会计等式。

(3)根据表1-3资料,分别计算2020年12月流动资产、净资产及存货等项目的金额(列出计算过程)。

(4)计算2021年1月31日流动负债、长期负债的金额。

流动负债=____________________(元)

长期负债=____________________(元)

三、试算平衡的理解和应用

(一)实验资料

(1)假定某企业2021年7月资产、负债及所有者权益类账户期初余额如表1-4所示。

表1-4 资产、负债及所有者权益类账户期初余额 单位:元

资产类账户	金额	负债及所有者权益类账户	金额
库存现金	1 000	负债:	
银行存款	135 000	短期借款	62 000
应收账款	10 000	应付账款	8 000
生产成本	40 000	负债总计	70 000
原材料	120 000	所有者权益:	
库存商品	24 000	实收资本	860 000
固定资产	600 000	所有者权益合计	860 000
总计	930 000	总计	930 000

(2)该企业2021年7月发生下列各项经济业务(增值税忽略):

①购进材料一批,计价10 000元,材料验收入库,货款以银行存款支付。

②生产车间向仓库领用材料40 000元,全部投入生产。

③从银行存款账户支取现金400元。

④以银行存款购入新汽车一辆,计价100 000元。

⑤用银行存款偿还供货单位材料款3 000元。

⑥生产车间生产领用材料25 000元。

⑦收到购货单位前欠货款 3 000 元，存入银行。

⑧以银行存款 16 000 元，归还短期借款 12 000 元，归还应付供货单位货款 4 000元。

⑨其他单位投入资本 20 000 元，存入银行。

⑩收到购货单位前欠货款 4 000 元，其中：支票 3 600 元（存入银行），现金 400 元。

（二）实验要求

（1）根据上述资料的各项经济业务，编制会计分录。

（2）开设 T 形账户，登记期初余额、本期发生额、计算期末余额，然后根据相关数据填制表 1-5 试算平衡表。

（3）实验完成后，编写实验报告。实验报告的内容除既定 T 形账户和确认表外，可谈及实验中遇到的问题及解决办法，还可谈及具体的体会和建议。

表 1-5　试算平衡表　　单位：元

会计科目	期初余额		本期发生额		期末余额	
	借方	贷方	借方	贷方	借方	贷方
原材料						
银行存款						
生产成本						
库存现金						
固定资产						
应付账款						
应收账款						
短期借款						
实收资本						
库存商品						
合计						

项目练习

项目一　练习

项目二　外贸会计凭证

主要内容导读

本项目主要设置了两个学习情境：外贸会计原始凭证、外贸会计复币记账凭证及编制。学习情境一具体学习任务包括出口业务会计原始凭证和进口业务会计原始凭证；学习情境二具体学习任务包括复币记账凭证的格式、内容及填制。

职业能力要求

掌握外贸会计原始凭证的概念及种类；

掌握外贸会计复币记账凭证的概念及种类；

掌握外贸会计复币记账凭证的编制方法。

课程思政

外贸会计凭证是记录外贸企业经济业务、明确经济责任、按一定格式编制的据以登记会计账簿的书面证明。记录经济业务的合法性与合理性，保证了会计记录的真实性，加强了经济责任制。本项目主要培养学生外贸会计业务办理的条理性，具备仔细、审慎、严密的职业道德素养，确保会计信息的真实可靠。

情境引例

某外贸企业某笔经济业务的转账凭证，如表 2-1 所示。

表 2-1　转账凭证

转　账　凭　证

2020 年 12 月 31 日　　　　转字第 1 号

摘要	会计科目		币别	原币金额	汇率	借方金额	贷方金额	记账√
	总账科目	明细科目	单位	数量	单价	亿千百十万千百十元角分	亿千百十万千百十元角分	
出口商品	应收账款	应收外汇账款	USD	20 000.00	6.10	12200000		
	主营业务收入	自营出口销售收入	USD	20 000.00	6.10		12200000	
合计	壹拾贰万贰仟元整					¥12200000	¥12200000	

附单据 1 张

财务主管 邓秀峰　记账：蒋永斌　出纳：吴慧芬　审核：邓秀峰　制单：蒋永斌

项目任务

请问：上述转账凭证与常用记账凭证最显著的区别是什么？

PPT 课件

学习情境一　外贸会计原始凭证

会计凭证是记录经济业务、明确经济责任、按一定格式编制的据以登记会计账簿的书面证明。它记录经济业务的合法性与合理性，保证了会计记录的真实性，加强了经济责任制。外贸会计凭证是基于实际发生的外贸业务制作或者取得的书面或电子证明，它记载了外贸业务的具体时间、内容、金额、币种等信息。本学习情境主要介绍进出口业务涉及的相关原始凭证。

外贸会计凭证按其编制程序和用途的不同，可分为原始凭证和记账凭证。原始凭证又称外贸原始单据，是在外贸业务最初发生之时即行填制的原始书面证明，如外汇支款凭证、外币汇款/托收贷记通知等。外贸企业使用的记账凭证又称复币记账凭证，是以审核无误的外贸原始凭证为依据，按照外贸业务事项的内容加以归类，并据以确定会计分录后所填制的会计凭证。它是登入账簿的直接依据。常用的记账凭证有复币收款凭证、复币付款凭证、复币转账凭证等。

外贸企业的业务往来面对境内和境外两个市场，通过市场调研，把境外商品进口到境内销售或者收购境内商品销售到境外，从中赚取差价，因此，其业务内容主要包括进口业务和出口业务，相应的会计原始凭证也包括进口和出口两个方面。

任务一　出口业务会计原始凭证

一、自营出口业务会计原始凭证

自营出口业务是外贸企业自营性质的出口销售，即出口销售收入归外贸企业所有，商品进价、与出口业务有关的一切境内外运费及佣金支出等均由外贸企业自行承担，出口销售的盈亏纳入外贸企业当期总损益。自营出口业务涉及多种外贸会计原始凭证，常见的有如下几种。

（一）增值税专用发票

发票是指单位和个人在购销商品、提供或接受服务以及从事其他经营活动中，所开具和收取的业务凭证，是会计核算的原始依据，也是审计机关、税务机关执法检查的重要依据。常见的发票有增值税普通发票和增值税专用发票两种。增值税专用发票具体格式如表 2-2 所示。

表 2-2　增值税专用发票

浙江省增值税专用发票

3300101140　　　　　　　　　　　　No 14537807

开票日期:2020—12—12

购货单位		密码区
名　　称:	嘉兴市澳杰公司	5454—＋＞4521＜＜54100 加密版本:01
纳税人识别号:	91330402797647××	＜458—265＞＋＋5451104　330010114
地 址 、电 话:	嘉兴市桐乡大道××号 0573-822216××	50—＋＞400＜＜558600—＜2523680025
开户行及账号:	中国银行嘉兴分行 314510778567430××	＜4151240—＞＋＋545＜＞＋

货物或应税劳务名称	规格型号	单位	数量	单价	金额	税率	税额
男士衬衫		件	5 000	50.00	250 000.00	13%	32 500.00
					￥250 000.00		￥32 500.00
价税合计(大写)	贰拾捌万贰仟伍佰元整				(小写)￥282 500.00		

销货单位		备注
名　　称:	嘉兴××服装厂	嘉兴××服装厂 320205678665 发票专用章
纳税人识别号:	3202056786654××	
地 址 、电 话:	嘉兴市桐乡胜利路××号 0573-822766××	
开户行及账号:	中国建设银行中山路支行 007865479213756××	

收款人:　　　复核:　　　开票人:刘东林　　　销售单位:(章)

(二)公路、内河货物运输业统一发票

公路、内河货物运输业统一发票是指运输单位(或个人)承担货物运输业务时以收取的全部价款向付款人开具的货运发票。

(三)国际海运业运输、国际海运业船舶代理专用发票

经交通运输部批准,从事国际海运、国际海运船舶代理业务的企业和外商独资船务公司及其分公司,在收取运费、船舶代理费和其他相关服务费用时,必须向付款人开具的专用发票。其中,国际海运公司和外商独资船务公司及其分公司使用国际海运业运输专用发票,国际海运船舶代理业务的公司使用国际海运业船舶代理专用发票。

(四)保险业专用发票

保险机构从事保险业务,在收取保险费时向投保人开具的由税务机关统一印制的保险业专用发票。具体格式如表 2-3 所示。

表 2-3 保险业专用发票

保险业专用发票

INSURANCE TRADE INVOICE

发票联

开票日期: Date of Issue 2020-12-11	发票代码:×××××××××××× 发票号码:××××××××

付款人: Payer 嘉兴市澳杰公司			
承保险种: Coverage 财产保险			
保险单号: Policy No. SHOUJX-JJ5881××		批单号: End. No.	
保险费金额(大写): Premium Amount(In Words)	叁佰叁拾美元	(小写): (In Figures)	USD330.00
代收车船税(小写): Vehicle & Vessel Tax(In Figures)		滞纳金(小写): Overdue Fine(In Figures)	
合计(大写): Consist(In Words)	叁佰叁拾美元	(小写): (In Figures)	USD330.00
附注: Remarks			

保险公司名称: Insurance Company	中华联合财产保险公司	复核: Checked by	经手人: Handler 王燕玲
保险公司签章: Stamped by Insurance Company		地址: ADD. 嘉兴市中山路××号	电话: TEL. 0573-82376688
保险公司纳税人识别号: Taxpayer Identification No.			(手写无效) Not Valid If Hand Written

(五)入库单

入库单是企业对采购实物入库数量的确认,也是对采购人员和供应商的一种监控。如果企业缺乏实物入库的控制,就不能防止采购人员与供应商串通一气,造成虚报采购量、实物短少的风险。它是企业内部管理和控制的重要凭证。具体格式如表 2-4 所示。

表 2-4 入库单

入 库 单

验收部门:储运部门　　2020 年 11 月 7 日

商品名称	规格	单位	应收	实收	单位成本	总成本
男士衬衫		件	2 500	2 510	70.00	175 700.00
合　计			2 500	2 510	70.00	175 700.00

记账联

主管:项少杰　　收货:刘希华　　采购:王一鸣　　制单:张发海

(六)出库单

出库单是指货物出库的单据,也是商家之间互相调货的凭证。它是为了方便双方对账和结算,减少现金支付的一种手段。具体格式如表 2-5 所示。

表 2-5 出库单

出 库 单

用途:出口销售　　2020 年 12 月 17 日

商品名称	规格	单位	数量	单位成本	总成本
男士衬衫		件	2 510	70.00	175 700.00
合　计			2 510	70.00	175 700.00

记账联

保管员:王晓东　　仓库负责人:刘希华　　复核:张发海

(七)收付款凭证

1. 转账支票存根

转账支票是由出票人签发的,委托办理支票存款业务的银行在见票时无条件支付确定的金额给收款人或持票人的票据。转账支票存根是出票方记账的依据,作为记账凭证后附的原始凭证。具体格式如表 2-6 所示。

表 2-6　转账支票存根

中国银行 转账支票存根 402032×× 031815××
附加信息
出票日期　2020 年 11 月 16 日
收款人：嘉兴××服装厂
金　额：175 700.00
用　途：出口购进男士衬衫
单位主管　　会计

2. 进账单

进账单是持票人或收款人将票据款项存入其开户银行账户的凭证，也是开户银行将票据款项记入持票人或收款人账户的凭证，包括本币及外币账款的进账业务。具体格式如表 2-7 所示。

表 2-7　进账单

中国银行　进账单（收账通知）

2020 年 12 月 13 日

<table>
<tr><td rowspan="3">出票人</td><td>全　称</td><td colspan="2">嘉兴××服装厂</td><td rowspan="3">收款人</td><td>全　称</td><td colspan="9">嘉兴市澳杰公司</td></tr>
<tr><td>账　号</td><td colspan="2">007865479213756××</td><td>账　号</td><td colspan="9">314510778567430××</td></tr>
<tr><td>开户银行</td><td colspan="2">中国建设银行××路支行</td><td>开户银行</td><td colspan="9">中国银行嘉兴分行</td></tr>
<tr><td rowspan="2">金额</td><td colspan="4" rowspan="2">人民币（大写）叁拾伍万元整</td><td>千</td><td>百</td><td>十</td><td>万</td><td>千</td><td>百</td><td>十</td><td>元</td><td>角</td><td>分</td></tr>
<tr><td></td><td>¥</td><td>3</td><td>5</td><td>0</td><td>0</td><td>0</td><td>0</td><td>0</td><td>0</td></tr>
<tr><td colspan="2">票据种类</td><td>转账支票</td><td>票据张数</td><td>1 张</td><td colspan="10" rowspan="3">中国银行
嘉兴分行
2020.12.13
转
讫
（收款人开户银行签章）</td></tr>
<tr><td colspan="2">票据号码</td><td colspan="2">N17695××</td><td></td></tr>
<tr><td colspan="5">单位主管　　会计　　复核　　记账</td></tr>
</table>

3. 外汇支款凭证

外汇支款凭证是指以外币表示的具有一定格式、一定金额，于见票时或指定到期日，在指定地点，由发票人或委托他人为付款人，向收款人或持票人无条件支付款项的书面凭证。具体格式如表 2-8 所示。

表 2-8　外汇支款凭证

中国银行 BANK OF CHINA

外汇支款凭证

签发日期　　2020 年 12 月 7 日

付款单位	全　称	嘉兴市澳杰公司	收款单位	全　称	嘉兴××国际货运代理有限公司										
	账　号	314510778567430××		账　号	876588022567446××										
	开户银行	中国银行嘉兴分行		开户银行	招商银行××支行										
支款货币及金额					亿	千	百	十	万	千	百	十	元	角	分
USD 55 000.00								$	5	5	0	0	0	0	0
牌价	655.00/100	购汇（或结汇）货币及金额			亿	千	百	十	万	千	百	十	元	角	分
							¥	3	6	0	2	5	0	0	0
附言			借方科目 贷方科目												
银行信息	转讫														

审核印鉴：　　　　复核：　　　　经办：　　　　（单位预留印鉴）

（八）出口佣金计提表

佣金是代理人或经纪人为委托人介绍买卖或提供其他服务而取得的报酬。按照出口合同规定的价格条款中的佣金率，计提佣金的表格，即出口佣金计提表，具体格式如表 2-9 所示。

表 2-9　出口佣金计提表

出口佣金计提表

商品名称	发票价款	佣金率	市场汇率	佣金金额	备注
宠物玩具		3%	6.52		瑞士三水公司
合计					

主管：李瑞华　　　　会计：李志　　　　制单：于萍

注：表中采取汇付佣金支付方式。

(九)借记通知

借记通知是指受益人(出口商)对来证金额不足或超过信用证金额应由进口商负担的款项。它是通知对方付款的书面清单。借记通知,须有一联交财务部门留存,凭此检查款项是否收妥。具体格式如表 2-10 所示。

表 2-10　借记通知

中国银行 BANK OF CHINA

DEBIT ADVICE

借记通知

TO: 致:	DATE: 日期:2020/12/15
L/C No: 信用证号:1896SL664×× AB No: 银行流水号:	DRAFT AMT: 单据金额:USD 55 000.00 CONTRACT No: 合同号:

WITH REFERANCE TO THE CAPTIONED ITEMS. PLEASE BE ADVISED THAT WE HAVE TODAY DEBITED YOUR ACCOUT NO. 31451077856743007 WITH THE FOLLOWING AMOUNT PAYMENT UNDER THE ABOVE MENTIONED.
我行已于今日将上述业务之下列金额借记你司第 31451077856743O×× 号账户。

DEDUCT AMT
付款金额:USD55 000.00

BUYING RATE:	SELLING RATE:	REALING RATE:
652.68/100	656.15/100	655.00/100

BANK OF CHINA ZHEJIANG BRANCH
中国银行浙江省嘉兴分行

银行签章

(十)贷记通知书

贷记通知书是银行代企业办理相关收款业务时的办理凭证。贷记通知书主要用于企业做账和核对余额。具体格式如表 2-11 所示。

表 2-11　贷记通知书

中国银行　　外币汇款/托收贷记通知书

业务编号:IRTT2600IT0914615

交易日期:2020-12-7

汇出行业务编号:2600IT09146154F		记录状态:S　解付	入账日期:2020-12-7
汇入货币:美元	汇款金额:USD137 000.00	壹拾叁万柒仟美元整	
汇款行:			
汇款人名称:Frankttll Clothing			
地址:			
开户行:			
汇款附言:			
解付序号:01	解付金额:USD137 000.00	汇率:652.00/100	起息日期:2020-12-7
入账账号:	314510778567430××	入账金额:	USD137 000.00
收款人名称:嘉兴市澳杰公司			
费用账号:		手续费:	
核销单号:738123987		申报单号:37020000060109108765	
备注:			
交易机构:4988	部门:67	机构名称:中国银行嘉兴分行	

第二联:客户回单　　复核:　　经办:

(十一)汇兑损益计算表

汇兑损益计算表是指用于计算企业的存量外币或债权债务因汇率变动而发生折算差额的凭证。具体格式如表 2-12 所示。

表 2-12　汇兑损益计算表

嘉兴市澳杰公司汇兑损益计算表

计提项目	账面余额		期末市场汇率	按期末汇率计算的期末账面余额	汇兑损益
	原币	人民币			
银行存款——美元			6.52		
应收外汇账款——美元					
合　计					

二、代理出口业务相关凭证

代理出口是指外贸企业或其他出口企业，受委托单位的委托，代办出口货物销售的一种出口业务。在代理出口业务中，受托单位对出口货物不做进货和自营出口销售的账务处理，不承担出口货物的盈亏。受托方会收取一定比例的手续费，委托企业属自营出口销售。

代理出口业务使用的凭证与自营出口业务使用的凭证有些是相同的，如发票、入库单、出库单、外汇支款凭证、借记通知和贷记通知等，这里不再重复介绍。在代理出口业务中，也会涉及其他一些凭证，如出口代理费计提表、代理出口划款结算单、电汇凭证等。

(一)出口代理费计提表

出口代理费计提表是在出口代理费用发生时，根据代理费率和发票金额制作的会计凭证。具体格式如表 2-13 所示。

表 2-13　出口代理费计提表

出口代理费计提表

商品名称	发票价款	代理费率	市场汇率	代理金额	备注
男士衬衫	USD150 000	2%	6.52	￥19 650 元	瑞士三水公司
合计					

主管：李瑞华　　　　会计：李志　　　　制单：于萍

(二)代理出口划款结算单

代理出口划款结算单是代理出口单位和被代理出口单位之间就代理服务业务产生相关费用的结算凭证。具体格式如表 2-14 所示。

表 2-14 代理出口划款结算单

嘉兴市澳杰公司代理出口划款结算单				
委托客户	嘉兴××食品加工厂			
合约号		出口发票号		价格条款:CFR
商品名称	牛肉罐头		商品数量	1 000 吨
销售金额	原币 USD 1 400 000.00		@1 400.00	人民币 9 128 000.00
扣除费用	出口运费原币		USD55 000.00	CNY 358 600.00
	出口保险费原币			
	出口佣金原币		USD28 000.00	CNY 182 560.00
	结汇银行手续费原币		USD1 750.00	CNY 11 410.00
	外贸代理手续费		USD42 000.00	CNY 273 840.00
	市内运输、劳务、刷唛费			CNY 9 680.00
	商品检验费			
	其他(银行结汇差价)			
	扣除费用合计		USD126 750.00	CNY 836 090.00
实际划拨净额				CNY 8 291 910.00

制单: 日期: 年 月 日

(三)电汇凭证

电汇凭证是由银行统一印制的格式化票据,是企事业单位通知自己的开户银行向异地收款单位转账付款时配套填写的银行票据。它既是银行转出开户单位账户存款的凭证,又是开户单位的记账凭证。具体格式如表 2-15 所示。

表 2-15 电汇凭证

中国银行 电汇凭证(回单)

委托日期 2020 年 12 月 27 日

付款人	全 称	嘉兴市澳杰公司		收款人	全 称	嘉兴××服装厂	
	账 号	3145107785674300 7			账 号	中国工商银行,2320088806677	
	汇出地点	嘉兴 汇出行	中国银行嘉兴分行		汇入地点	嘉兴 汇入行	工行嘉兴分行

金额		千	百	十	万	千	百	十	元	角	分
人民币(大写)叁拾万零陆仟元整			¥	3	0	6	0	0	0	0	0

汇款用途: 偿还前欠货款 上款已根据委托办理,如查询,请持此回单面洽	汇出行签章 中国银行 嘉兴分行 2020.12.27 转讫 2020 年 12 月 27 日

任务二 进口业务会计原始凭证

进口是指向非本国(地区)购买生产或消费所需的原材料、产品、服务等,目的是获得更低成本的生产投入,或者是获取本国(地区)没有的产品与服务的利润,它可以简要的看成出口的逆过程。进口过程中也会涉及众多环节,其中用到的单据、凭证与出口类似但不完全相同。以下是进口中涉及的主要凭证。

一、自营进口业务会计原始凭证

(一)进口发票

进口发票即商业发票(commercial invoice),是卖方开具的载有货物名称、数量、价格等内容的清单。它作为买卖双方交接货物和结算货款的主要单证,是进口方确定征收进口关税的依据,也是买卖双方索赔、理赔的依据。

视频:商业发票

(二)进口关税计提表

进口关税是一个国家(地区)的海关对进口货物和物品征收的关税。根据进口关税计税原则填制的关税计提表,即进口关税计提表。具体格式如表 2-16 所示。

表 2-16 进口关税计提表

进口关税计提表

品名	发票价款	境外运费	境外保险费	合计	关税税率	汇率	关税金额
合 计							

(三)海关代征进口增值税专用缴款书

海关代征进口增值税专用缴款书是一种增值税扣税凭证。增值税扣税凭证是指纳税人购进货物、加工修理修配劳务、服务、无形资产或者不动产时取得或开具的记载所支付或者负担的增值税额,并据此从销项税额中抵扣进项税额的凭证。具体格式如表 2-17 所示。

表 2-17　海关代征进口增值税专用缴款书

海关代征进口增值税专用缴款书

收入系统：税务系统　　　　填发日期：2020 年 12 月 21 日

收款单位	海　关	中央金库			缴款单位	名　称	嘉兴市澳杰公司
	项　目			预算级次		账　号	314510778567430××
	收款国库	工商银行嘉兴分行				开户银行	中国银行嘉兴分行
税　号		货物名称	数量	单位	完税价格	税率	税款金额
		罐头生产设备	100	台	489 000.00	13%	63 570.00
税款金额人民币（大写）		陆万叁仟伍佰柒拾元整				合计	￥63 570.00
申请单位编号			报关单位编号		填制单位（嘉兴市澳杰公司 代理业务专用章）		（工行嘉兴分行营业部 2020.12.21 银行收讫）
合同（批文）号			运输工具（号）				
缴款期限			提/装货单号				
备注		一般贸易 纳税人代码			制单人 复核人：		收款国库（银行）

自下发缴款书之日起 15 日内缴纳（期末遇法定节假日顺延），逾期按日征收税款总额千分之一的滞纳金。

（四）海关关税专用缴款书

海关关税专用缴款书是指进出口企业、单位，以海关电子缴税方式缴纳税款后，通过“互联网＋海关”一体化网上办事平台或国际贸易“单一窗口”标准版下载的凭证。该凭证也可以现场向海关申请。具体格式如表 2-18 所示。

表 2-18　海关关税专用缴款书

海关关税专用缴款书

收入系统：税务系统　　　　填发日期：　　　　2020 年 12 月 21 日

收款单位	海　关	中央金库			缴款单位	名　称	嘉兴市澳杰公司
	项　目			预算级次		账　号	314510778567430××
	收款国库	工商银行嘉兴分行				开户银行	中国银行嘉兴分行
税号		货物名称	数量	单位	完税价格	税率	税款金额
		罐头生产设备	100	台	489 000.00	20%	97 800.00
税款金额人民币（大写）		玖万柒仟捌佰元整				合计	￥97 800.00
申请单位编号			报关单位编号		填制单位（嘉兴市澳杰公司 代理业务专用章）		（工行嘉兴分行营业部 2020.12.21 银行收讫）
合同（批文）号			运输工具（号）				
缴款期限			提/装货单号				
备注		一般贸易 纳税人代码			制单人 复核人：		收款国库（银行）

自下发缴款书之日起 15 日内缴纳（期末遇法定节假日顺延），逾期按日征收税款总额千分之一的滞纳金。

(五)付款通知

付款通知是银行代为扣款后给予企业的扣款凭证。具体格式如表 2-19 所示。

表 2-19　托收凭证(付款通知)

托收凭证(付款通知)　5

委托日期:2020 年 12 月 13 日

<table>
<tr><td rowspan="3">付款人</td><td>全称</td><td colspan="2">嘉兴市澳杰公司</td><td rowspan="3">收款人</td><td>全称</td><td>中国网通嘉兴分公司</td></tr>
<tr><td>账号或地址</td><td colspan="2">314510778567430××</td><td>账号</td><td>2101010400051××</td></tr>
<tr><td>开户银行</td><td colspan="2">中国银行嘉兴分行</td><td>开户银行</td><td>中国工商银行越秀路支行</td></tr>
<tr><td>托收金额</td><td>人民币(大写)</td><td colspan="4">壹万肆仟叁佰伍拾捌元整</td><td>千 百 十 万 千 百 十 元 角 分
¥ 1 4 3 5 8 0 0</td></tr>
<tr><td colspan="2">款项内容</td><td>电　费</td><td>托收凭证名称</td><td colspan="2">款项收妥日期</td><td>附寄单证</td></tr>
<tr><td colspan="4">备注:

复核　　　　记账</td><td colspan="2">中国工商银行
越秀路支行
2020.12.13
转讫
年　月　日</td><td>年　月　日</td></tr>
</table>

二、代理进口业务相关凭证

代理进口是指对商品或服务有需求的企事业单位或个人,对进口业务流程不熟悉或者其他原因无法自行进口,委托船运公司、货运代理公司、报关行、贸易公司等代办进口的贸易服务型业务。进口代理一般由代理商操作,在进口业务中,进口代理商作为发货人和收货人之外的中间人,在操作过程中会收取佣金,但一般不承担信用、汇兑和市场风险,不拥有进口商品的所有权。

在代理进口业务中,使用的单据与自营进口相似,此处不再重复介绍。除此之外,代理进口业务中还涉及代理进口结算单。

代理进口结算单是指代理进口企业对进口相关货值、运费、保险费、关税等进行核算的记账凭证。具体格式如表 2-20 所示。

表 2-20 代理进口结算单

嘉兴市澳杰公司代理进口结算单

2020 年 12 月 27 日　　　　编号：DJ1215

委托进口合同号：	进口合同号：	数量：
进口国别：美国	到达口岸：青岛	单价：USD62 500.00
折合汇率：6.52	船名：	总价：
结算项目	金额	备注
货值（FOB）		
国外运费		
国外保险费		
国外佣金		
货值（CIF）	407 500.00（USD62 500.00）	嘉兴市澳杰公司 结算专用章
进口关税		
增值税 13%	62 324.00	
银行手续费	83 130.00	
垫付利息		
国内运费		
港杂费		
其他	2 816.00	
代理手续费价税合计	12 225.00	
合计	567 995.00	
公司结算章：	主管：	经办人：

PPT 课件

学习情境二　外贸会计复币记账凭证及编制

任务一　复币记账凭证

复币记账凭证是外贸企业在进出口业务中涉及外币业务时填制的收款凭证、付款凭证和转账凭证。该凭证填制的内容既有外币的原币金额，也有外币依据汇率折合的人民币金额。

外贸会计记账凭证按用途不同，可以分为复币收款凭证、复币付款凭证和复币转账凭证。

一、复币记账凭证的内容

复币记账凭证的主要作用是对原始凭证进行整理，确定会计科目，为登记账簿提供直接依据。因此，复币记账凭证必须满足记账要求，具备以下基本内容：

(1)记账凭证的名称。

(2)填制凭证的日期。

(3)经济业务内容摘要。

(4)会计科目(一级科目和二级或明细科目)名称、记账方向和金额。

视频：复币记账凭证的编制

(5)记账凭证编号。

(6)外币种类、金额及汇率。

(7)所附原始凭证的张数。

(8)会计主管、记账、审核、出纳、制单等有关人员的签名或盖章。

二、复币记账凭证的格式

(一)复币收款凭证的格式(如表2-21所示)

表 2-21　收款凭证

收　款　凭　证

借方科目：　　　　年　月　日　　　　收字第　　号

摘要	贷方科目		币别	原币金额	汇率	金额											记账
	总账科目	明细科目	单位	数量	单价	亿	千	百	十	万	千	百	十	元	角	分	√
合计																	

附单据　张

财务主管：　记账：　出纳：　审核：　制单：

(二)复币付款凭证的格式(如表 2-22 所示)

表 2-22 付款凭证

付 款 凭 证

贷方科目： 年 月 日 付字第 号

摘要	借方科目		币别	原币金额	汇率	金额											记账
	总账科目	明细科目	单位	数量	单价	亿	千	百	十	万	千	百	十	元	角	分	√
合计																	

附单据 张

财务主管： 记账： 出纳： 审核： 制单：

(三)复币转账凭证的格式(如表 2-23 所示)

表 2-23 转账凭证

转 账 凭 证

年 月 日 转字第 号

摘要	会计科目		币别	原币金额	汇率	借方金额											贷方金额											记账
	总账科目	明细科目	单位	数量	单价	亿	千	百	十	万	千	百	十	元	角	分	亿	千	百	十	万	千	百	十	元	角	分	√
合计																												

附单据 张

财务主管 记账： 出纳： 审核： 制单：

三、复币记账凭证与非复币记账凭证的联系与区别

(一)复币记账凭证与非复币记账凭证的联系

复币记账凭证与基础会计中学过的记账凭证的联系在于：两者都是依据发生经济业务原始凭证的属性确定会计科目、借贷方向和金额；都要填写填制时间、凭证编号、业务摘要和相关人员签字；都要标明所附原始凭证的张数和过账标记。

(二)复币记账凭证与非复币记账凭证的区别

复币记账凭证与基础会计中学过的记账凭证的区别在于：复币记账凭证编制的依据是涉及外汇的原始凭证，而非复币记账凭证编制的依据则是不涉及外汇的原始凭证；复币记账凭证既要填写外币的金额，又要填写按外币和汇率折合的人民币金额；既要填写与基础会计中记账凭证相同的总分类科目，又要填写与基础会计中记账凭证不同的有外汇字样的明细分类科目。

任务二　复币记账凭证填制的要求

一、复币记账凭证的填制要求

复币记账凭证的填制要求如下：

(1)复币记账凭证既要填写外币的原币金额、汇率，又要填写折合的人民币金额。

(2)复币记账凭证既要填写与基础会计中相同的总分类科目，又要填写与基础会计中不同的有外汇字样的明细分类科目。

(3)复币记账凭证也是记账凭证的一种，只是填写的企业有涉外业务罢了。因此，它也要满足记账凭证填制的要求，即内容正确、项目齐全、书写规范。

二、复币记账凭证填制实例

(1)2020 年 12 月 30 日，嘉兴市澳杰公司收到外汇应收款 10 000.00 美元，即期汇率为 1∶6.10，如表 2-24 所示。

表 2-24　嘉兴市澳杰公司收款凭证

收　款　凭　证

借方科目：银行存款　　2020 年 12 月 30 日　　银收字第　1　号

摘要	贷方科目		币别	原币金额	汇率	金额											记账
	总账科目	明细科目	单位	数量	单价	亿	千	百	十	万	千	百	十	元	角	分	√
收到外汇欠款	应收账款	应收外汇账款	USD	10 000.00	6.10					6	1	0	0	0	0	0	
合计	陆万壹仟元整								¥	6	1	0	0	0	0	0	

附单据 1 张

财务主管：邓秀峰　记账：蒋永斌　出纳：吴慧芬　审核：邓秀峰　制单：吴慧芬

(2)2020 年 12 月 30 日,以银行存款支付澳大利亚进口商品应付款 15 000.00 美元,即期汇率为 1∶6.10,如表 2-25 所示。

表 2-25　嘉兴市澳杰公司付款凭证

付　款　凭　证

贷方科目:银行存款　　2020 年 12 月 30 日　　银付字第　1　号

摘要	借方科目		币别	原币金额	汇率	金额											记账
	总账科目	明细科目	单位	数量	单价	亿	千	百	十	万	千	百	十	元	角	分	√
支付澳大利亚进口商品欠款	应付账款	应付外汇账款	USD	15 000.00	6.10					9	1	5	0	0	0	0	
合计	玖万壹仟伍佰元整								¥	9	1	5	0	0	0	0	

附单据 1 张

财务主管:邓秀峰　记账:蒋永斌　出纳:吴慧芬　审核:邓秀峰　制单:吴慧芬

(3)2020 年 12 月 31 日,出口商品一批,FOB 上海价格 20 000.00 美元,款项尚未收到,当日即期汇率为 1∶6.10,如表 2-26 所示。

表 2-26　嘉兴市澳杰公司转款凭证

转　账　凭　证

2020 年 12 月 31 日　　转字第　1　号

摘要	会计科目		币别	原币金额	汇率	借方金额											贷方金额											记账
	总账科目	明细科目	单位	数量	单价	亿	千	百	十	万	千	百	十	元	角	分	亿	千	百	十	万	千	百	十	元	角	分	√
出口商品	应收账款	应收外汇账款	USD	20 000.00	6.10				1	2	2	0	0	0	0	0												
	主营业务收入	自营出口销售收入	USD	20 000.00	6.10															1	2	2	0	0	0	0	0	
合计	壹拾贰万贰仟元整							¥	1	2	2	0	0	0	0	0			¥	1	2	2	0	0	0	0	0	

附单据 1 张

财务主管:邓秀峰　记账:蒋永斌　出纳:吴慧芬　审核:邓秀峰　制单:蒋永斌

课程思政案例

项目二　案例

项目二 实验实训

一、实验资料

根据嘉兴市澳杰公司2021年1月部分经济业务,编制记账凭证。

(1)1月6日,收到越南ACD公司预付69 000.00美元,即期汇率为1∶6.30。外汇汇款收账通知如表2-27所示,并在表2-28中开具收款凭证。

表2-27 外汇汇款收账通知

中国工商银行 (浙)C 351045

外汇汇款收账通知

行名:中国工商银行股份有限公司嘉兴分行 汇入金额:USD 69 000.00 汇率:6.3

收款人账号:JX12040600000000001××

收款人户名:嘉兴市澳杰公司待核查账户

收账人账号:TR19000990001230584838388××

付账人户号:越南ACD公司

大写金额:美元 陆万玖千元整

小写金额:USD 69 000.00 汇款金额:USD 69 000.00

付款详情:贷款

银行指示代码:

客户附言:/INS/CHASUS33XXX

费用负担 71:BEN 发报行费用 71F:USD 0.00 收报行费用 71G:

国际收支申报代码:33040000201210N13 涉外收入申报单号:

手续费:0.00 扣费摘要:

业务编号:3226900325FS 收报流水号:32179

打印日期:2021-1-10 打印次数:1

收电: 记账: 复核

表 2-28 收款凭证

收 款 凭 证

借方科目： 年 月 日 收字第 号

摘要	贷方科目		币别	原币金额	汇率	金额	记账
	总账科目	明细科目	单位	数量	单价	亿千百十万千百十元角分	√
合计							

附单据 张

财务主管： 记账： 出纳： 审核： 制单：

(2)1月7日，支付某国际货运代理有限公司运费55 000.00美元，即期汇率为1∶6.55。外汇支款凭证如表2-29所示，并在表2-30中开具付款凭证。

表 2-29 外汇支款凭证

中国银行 BANK OF CHINA 签发日期 2020年12月7日

付款单位			收款单位		
付款单位	全称	嘉兴市澳杰公司	收款单位	全称	××国际货运代理有限公司
	账号	314510778567430××		账号	876588022567446××
	开户银行	中国银行嘉兴市分行		开户银行	招商银行嘉兴支行

支款货币及金额	亿	千	百	十	万	千	百	十	元	角	分
USD 55 000.00				$	5	5	0	0	0	0	0
牌价 655.00/100 购汇(或结汇)货币及金额	亿	千	百	十	万	千	百	十	元	角	分
			¥	3	6	0	2	5	0	0	0

附言	借方科目 贷方科目
	峰邓 印秀；嘉兴市澳杰公司 财务专用章

银行信息 转讫

审核印鉴： 复核： 经办： (单位预留印鉴)

表 2-30　付款凭证

付　款　凭　证

贷方科目：　　　　　　　　年　月　日　　　　　　　　付字第　　号

摘要	借方科目		币别	原币金额	汇率	金额											记账
	总账科目	明细科目	单位	数量	单价	亿	千	百	十	万	千	百	十	元	角	分	√
					2021-1-10												
合计																	

附单据　张

财务主管：　记账：　出纳：　审核：　制单：

（3）根据出口佣金计提表（见表 2-31），计提出口佣金，并填写表 2-32。

表 2-31　出口佣金计提表

商品名称	发票价款	佣金率	市场汇率	佣金金额	备注
宠物玩具		3%	6.520		瑞士三水公司
合　计					

主管：李瑞华　　会计：李志　　制单：于萍

表 2-32　转账凭证

转　账　凭　证

年　月　日　　　　　　　　转字第　　号

摘要	会计科目		币别	原币金额	汇率	借方金额											贷方金额											记账
	总账科目	明细科目	单位	数量	单价	亿	千	百	十	万	千	百	十	元	角	分	亿	千	百	十	万	千	百	十	元	角	分	√
合计																												

附单据　张

财务主管　记账：　出纳：　审核：　制单：

二、实验要求

(1)了解进出口业务涉及哪些凭证,并熟悉这些原始凭证的格式、内容和填制要求。

(2)掌握复币记账凭证和复币账簿的格式、内容和填制方法。

(3)能够根据进出口业务的原始凭证填制复币记账凭证。

项目练习

项目二　练习

项目三　外汇及汇兑损益

主要内容导读

本项目主要设置了三个学习情境：外汇及汇率、外币业务的核算及汇兑损益的核算。学习情境一具体学习任务涉及外汇的含义及种类、汇率种类、标价方法及汇率波动的影响；学习情境二具体学习任务包括外币核算业务中汇率的选择、账户的设置及具体经济业务的核算；学习情境三主要介绍了汇兑损益的含义及产生原因，汇兑损益核算的两种确认方法：逐步结转法和集中结转法。

同时，为了开阔学生的视野，本项目还准备了一些拓展阅读资料，如常用的外汇币种及汇率波动的影响。

职业能力要求

掌握外汇的含义及种类；

掌握汇率的种类及标价方法；

正确选择恰当的汇率进行外币业务核算；

熟练掌握汇兑损益核算的两种方法及其适用范围。

课程思政

作为经济类专业的高职学生来说，不仅要学好专业知识，还要关注政治经济时事，有坚定的政治立场。只有这样才能在自己的本职工作中把握好正确的方向，更好地完成工作任务，并通过判断汇率波动的方向，提前做好防范、维护企业利益。

情境引例

2021 年 9 月 1 日，嘉兴市澳杰公司外币账户余额，如表 3-1 所示。

表 3-1　嘉兴市澳杰公司外币账户余额

项目	外币账户金额/美元	汇率	记账本位币/人民币元
银行存款	56 000	7.08	396 480
应收外汇账款	42 000	7.08	297 360
应付外汇账款	36 000	7.08	254 880

2021 年 9 月接着发生下列有关的经济业务：

(1)9 月 2 日，支付上月欠力仁公司外汇账款 36 000 美元，当日美元汇率的中间价为 7.09 元。

(2)9 月 4 日，销售给森林公司电器一批，发票金额为 68 000 美元，当日美元的中间价为 7.09 元。

(3)9 月 7 日，向都望公司进口电器一批，发票金额为 50 000 美元，款项尚未支付，当日美元汇率的中间价为 7.09 元。

(4)9 月 9 日，向银行购汇 30 000 美元，以备支付前欠都望公司货款，当日银行卖出价 7.11 元，当日美元汇率中间价为 7.14 元。

(5)9 月 10 日，支付前欠都望公司货款 50 000 美元，当日美元汇率中间价为 7.08 元。

(6)9 月 12 日，银行收妥上月华大公司前欠款项 42 000 美元，送来收汇通知，当日美元汇率中间价为 7.08 元。

(7)9 月 16 日，银行收妥森林公司款项 68 000 美元，送来外汇通知，当日美元汇率中间价为 7.08 元。

(8)9 月 20 日，因外币存款余额已超出限额 10 000 美元，今将 10 000 美元向银行办理结售汇手续，当日银行买入价为 7.07 元，市场汇率为 7.17 元。

(9)9 月 23 日，销售给华大公司电器一批，发票金额为 62 000 美元，当日美元汇率中间价为 7.08 元。

(10)9 月 27 日，向美加公司购进电器一批，发票金额为 47 500 美元，款项尚未支付，当日美元汇率中间价为 7.08 元。

(11)9 月 30 日，美元市场汇率的中间价为 7.07 元，调整各外币账户的期末余额。

项目任务

(1)根据情境引例中的业务，分别用逐笔结转法和集中结转法进行账务处理，然后确认汇兑损益。

(2)通过分析上述账务处理结果，总结逐步结转法和集中结转法的异同及适用范围。

学习情境一 外汇及汇率

任务一 外汇的含义及种类

PPT课件

一、外汇的含义

外汇,英文名是 foreign currency 或 forex,是货币行政当局(中国人民银行、货币管理机构、外汇平准基金及财政部)以银行存款、财政部库券、长短期政府证券等形式保有的在国际收支逆差时可以使用的债权。它包括外国货币、外币存款、外币有价证券(如政府公债、国库券、公司债券、股票等)、外币支付凭证(如票据、银行存款凭证、邮政储蓄凭证等)。外汇有广义概念和狭义概念之分。

视频:外汇

(一)广义概念

广义的外汇是指一切以外币表示的资产,亦指货币在各国(地区)间的流动以及把一种货币兑换成另一种货币,借以清偿国际债权、债务关系的一种专门性的经营活动。

(二)狭义概念

狭义的外汇是指以外国货币表示的、为各国普遍接受的、可用于国际债权、债务结算的各种支付手段。外汇必须具备三个特点:可支付性(必须以外国货币表示的资产)、可获得性(必须是在国外能够得到补偿的债权)和可兑换性(必须是可以自由兑换为其他支付手段的外币资产)。

二、外汇的种类

(一)按受限程度的不同分类

按受限程度的不同,外汇可分为自由兑换外汇、有限自由兑换外汇和记账外汇。

1. 自由兑换外汇

自由兑换外汇就是在国际结算中用得最多、在国际金融市场上可以自由买卖、在国际金融中可以用于清偿债权、债务并可以自由兑换成其他货币的外汇,如美元、加拿大元等。

2.有限自由兑换外汇

有限自由兑换外汇是指未经货币发行方批准,不能自由兑换成其他货币或对第三方进行支付的外汇。国际货币基金组织规定凡对国际性经常往来的付款和资金转移有一定限制的货币均属于有限自由兑换货币。世界上有一大半国家的货币属于有限自由兑换货币,包括人民币。

3.记账外汇

记账外汇又称清算外汇或双边外汇,是指记账在双方指定银行账户上的外汇,不能兑换成其他货币,也不能对第三方进行支付。

(二)按来源用途的不同分类

按来源用途的不同,外汇可分为贸易外汇、非贸易外汇和金融外汇。

1.贸易外汇

贸易外汇也称实物贸易外汇,是指来源于或用于进出口贸易的外汇,即由于国际商品流通所形成的一种国际支付手段。

2.非贸易外汇

非贸易外汇是指除贸易外汇以外的一切外汇,即一切非来源于或用于进出口贸易的外汇,如劳务外汇、捐赠外汇等。

3.金融外汇

金融外汇与贸易外汇、非贸易外汇不同,它属于一种金融资产外汇,如银行同业间买卖的外汇,既非来源于有形贸易或无形贸易,也非用于有形贸易或无形贸易,而是为了各种货币头寸的管理。

(三)按市场走势的不同分类

按市场走势的不同,外汇可分为强势货币和弱势货币,或叫作硬货币和软货币。

强势货币或硬货币是指币值坚挺,购买能力较强,汇价呈上涨趋势的自由兑换货币,反之,就是弱势货币或软货币。由于国际经济、政治情况千变万化,各种货币所处的硬货币、软货币状态也不是一成不变的,经常是昨天的硬货币变成了今天的软货币,昨天的软货币变成了今天的硬货币。

知识卡片：强势货币和弱势货币

通常而言，强势货币的内涵在结构上分为两个层次：一是外在价值，表现为本币相对于其他货币的市场汇率升贬；二是内在价值，表现为本币在国际货币体系中的主导地位，即在国际支付、国际清算、国际标价、国际储备体系中的硬通货形象。强势货币表示该货币具有极强的流通量，没有外汇管制，货币政策和有关数据具有极高的透明度；至于汇价升跌，是市场需求所决定的，与强势或弱势无关。

强势货币和弱势货币的区别在于：

(1)在外汇市场、外汇结算、外汇投资中，强势货币往往处于支配地位，有着更多的发言权，而弱势货币处于被支配、被统摄的地位。

(2)强势货币可以拥有更大的流通量，更广的覆盖面，而弱势货币只能够在很小的范围内使用和流通。

(3)在购买力上，强势货币有着更强的购买力，而弱势货币则呈现购买力不足，以及难以为继的现象。决定强势货币还是弱势货币的根本原因在于，这一货币种类背后的经济支撑力度。

知识拓展：国际贸易中的常见外汇

任务二　汇率的含义、标价方法和种类

一、汇率的含义

汇率，英文名 exchange rate，又称外汇利率、外汇汇率或外汇行市，是指两种货币之间兑换的比率，亦可视为一种货币对另一种货币的价值。汇率是由外汇市场决定的，汇率波动受利率、通货膨胀、政治和经济等因素影响而变动。

汇率的升降，对进出口贸易和经济结构、生产布局等会产生影响。汇率是国际贸易中最重要的调节杠杆，如汇率下降能起到促进出口、抑制进口的作用。

视频：汇率

例如，一件价值100元人民币的商品，如果人民币对美元的汇率

为 0.1502(间接标价法)，则这件商品在美国的价格就是 15.02 美元；如果人民币对美元汇率降到 0.1429，也就是说美元升值，人民币贬值，这件商品在美国的价格为 14.29 美元，可用更少的美元购买此商品。商品的价格降低，竞争力变强，能促进销售。反之，如果人民币对美元汇率升到 0.1667，也就是美元贬值，人民币升值，则这件商品在美国市场上的价格就是 16.67 美元，此商品在美国市场上的价格上涨，销量下降。

二、汇率的标价方法

确定两种不同货币之间的比价，先要确定用哪种货币作为标准。由于确定的标准不同，因此产生了不同的外汇汇率标价方法。

(一)直接标价法

直接标价法，又叫作应付标价法，是以一定单位(1,100,1000,10000)的外国货币为标准来计算应付出多少单位本国货币。相当于计算购买一定单位外币应付多少本币，所以也叫作应付标价法。在外汇市场上，世界上绝大多数国家目前都采用直接标价法，如人民币兑美元汇率为 6.82，即 1 美元＝6.82 元人民币。

在直接标价法下，若一定单位的外币折合的本币数额多于前期，则说明外币币值上升或本币币值下跌，叫作外汇汇率上升；反之，如果要用比原来少的本币就能兑换同一数额的外币，这说明外币币值下跌或本币币值上升，叫作外汇汇率下跌，即在直接标价法下，外币的价值与汇率的涨跌成正比。例如：我国采用直接标价法，1 美元＝6.82 元人民币，当汇率上升为 1 美元＝6.82 元人民币时，说明美元(外币)升值，人民币(本币)贬值；当汇率下降为 1 美元＝6.72 元人民币时，说明美元(外币)贬值，人民币(本币)升值。直接标价法的特点是外国货币的数量固定不变，本国货币的数额则是变动的。

(二)间接标价法

间接标价法又称应收标价法。它是以一定单位(如 1 个单位)的本国货币为标准，来计算应收若干单位的外汇货币。在外汇市场上，美元、欧元、英镑、澳元等均为间接标价法，如在美国，1 美元兑 0.9460 欧元。

在间接标价法下，本国货币的数额保持不变，外国货币的数额随着本国货币币值的变化而变化。如果一定数额的本币能兑换的外币数额比前期少，这表明外币币值上升、本币币值下降，即外汇汇率上升；反之，如果一定数额的本币能兑换的外币数额比前期多，则说明外币币值下降、本币币值上升，外汇汇率下跌，即在间接标价法下外汇的价值和汇率的升跌成反比。例如：美国采用间接标价法，1 美元＝

6.82元人民币，当汇率上升为1美元＝6.82元人民币时，说明美元（本币）升值，人民币（外币）贬值；当汇率下降为1美元＝6.72元人民币时，说明美元（本币）贬值，人民币（外币）升值。间接标价法的特点是本国货币的数量固定不变，外国货币的数额则是变动的。

直接标价法和间接标价法所表示的汇率涨跌的含义是不同的。在直接标价法下，外币贬值，本币升值，汇率下降；外币升值，本币贬值，汇率上升。在间接标价法下，外币贬值，本币升值，汇率上升；外币升值，本币贬值，汇率下降。所以在引用某种货币的汇率和说明其汇率涨跌时，必须明确采用哪种标价方法，以免混淆。

三、汇率的种类

（一）按国际货币制度的演变程度不同分类

按国际货币制度的演变程度不同，汇率可分为固定汇率和浮动汇率。

1. 固定汇率

固定汇率是指由政府制定和公布，并只能在一定幅度内波动的汇率。

2. 浮动汇率

浮动汇率是指由市场供求关系决定的汇率。其涨落基本自由，货币市场原则上没有维持汇率水平的义务，但必要时可进行干预。

（二）按制订汇率的方法不同分类

按制订汇率的方法不同，汇率可分为基本汇率和套算汇率。

1. 基本汇率

汇率制订时必须选择某一种货币作为主要对比对象，这种货币称之为关键货币。根据本国货币与关键货币实际价值的对比，制订汇率，就是基本汇率。一般美元是国际支付中使用较多的货币，很多国家都把美元当作制订汇率的主要货币，常把对美元的汇率作为基本汇率。

2. 套算汇率

套算汇率是指各国（地区）按照对美元的基本汇率套算出的直接反映其他货币之间价值比率的汇率。

（三）按银行买卖外汇的角度不同分类

按银行买卖外汇的角度不同，汇率可分为买入汇率、卖出汇率、中间汇率和现钞汇率。

1. 买入汇率

买入汇率也称买入价，即银行向同业或客户买入外汇时所使用的汇率。采用直接标价法时，外币折合本币数较少的那个汇率就是买入价，采用间接标价法时则相反。

2. 卖出汇率

卖出汇率也称卖出价，即银行向同业或客户卖出外汇时所使用的汇率。采用直接标价法时，外币折合本币数较多的那个汇率就是卖出价，采用间接标价法时则相反。

买入和卖出汇率之间存在差价，这个差价就是银行买卖外汇的收益，一般为1‰～5‰。银行同业之间买卖外汇时使用的买入汇率和卖出汇率也称同业买卖汇率，实际上就是外汇市场的买卖价。

3. 中间汇率

中间汇率是衡量货币价值的重要指标，是买入价与卖出价的平均数，即：

$$中间汇率=(现汇买入价+现汇卖出价)\div 2$$

4. 现钞汇率

很多国家都规定，不允许外国货币在本国流通，只有将外币兑换成本国货币，才能购买本国的商品和劳务，因此产生了买卖外汇现钞的兑换率，即现钞汇率。按理现钞汇率应与外汇汇率相同，但因需要把外币现钞运到各发行国去，运送外币现钞要花费一定的运费和保险费，所以，银行在收兑外币现钞时的汇率通常要低于外汇买入汇率；而银行卖出外币现钞时使用的汇率则高于外汇卖出的汇率。

(四)按银行外汇付汇的方式不同分类

按银行外汇付汇的方式不同，汇率可分为电汇汇率、信汇汇率和票汇汇率。

1. 电汇汇率

电汇汇率是经营外汇业务的本国银行在卖出外汇后，即以电报委托其国外分支机构或代理行付款给收款人所使用的一种汇率。由于电汇付款快，银行无法占用客户资金头寸，同时，国际电报费用较高，所以电汇汇率较一般汇率高。但是电汇调拨资金速度快，有利于加速国际资金周转，因此，电汇在外汇交易中占有较大的比重。

2. 信汇汇率

信汇汇率是银行开具付款委托书，用信函方式通过邮局寄给付款地银行转付收款人所使用的一种汇率。由于付款委托书的邮寄需要一定的时间，银行在这段时间内可以占用客户的资金，因此，信汇汇率比电汇汇率低。

3. 票汇汇率

票汇汇率是指银行在卖出外汇时,开立一张由其国外分支机构或代理行付款的汇票交给汇款人,由其自带或寄往国外取款所使用的汇率。由于票汇从卖出外汇到支付外汇有一段间隔时间,银行可以在这段时间内占用客户的资金头寸,因此,票汇汇率一般比电汇汇率低。票汇有短期票汇和长期票汇之分,其汇率也不同。由于银行能更长时间占用客户的资金,所以长期票汇汇率较短期票汇汇率低。

(五)按外汇交易交割期限的不同分类

按外汇交易交割期限的不同,汇率可分为即期汇率和远期汇率。

1. 即期汇率

即期汇率也叫现汇汇率,是指买卖外汇双方成交当天或两天以内进行交割的汇率。即期汇率是由当场交货时货币的供求关系情况决定的。一般在外汇市场上挂牌的汇率,除特别标明远期汇率以外,一般指即期汇率。

2. 远期汇率

远期汇率是在未来一定时期内进行交割,而事先由买卖双方签订合同、达成协议的汇率。到了交割日期,由协议双方按预订的汇率、金额进行钱汇两清。远期外汇买卖是一种预约性交易,是因外汇购买者对外汇资金需要的时间不同,以及为了避免外汇汇率变动风险而产生的。远期汇率与即期汇率相比是有差额的,这种差额叫作远期差价,有升水、贴水、平价三种情况。其中,升水表示远期汇率比即期汇率高,贴水表示远期汇率比即期汇率低,平价表示两者相等。

(六)按对外汇管理的宽严程度不同分类

按对外汇管理的宽严程度不同,汇率可分为官方汇率和市场汇率。

1. 官方汇率

官方汇率是指国家机构(财政部、中国人民银行或外汇管理当局)公布的汇率。官方汇率又可分为单一汇率和多重汇率。单一汇率是指在实行外汇管制的国家(地区),对同一种外汇规定一种官方汇率,各种外汇交易均按同一汇率结算。多重汇率是指一国(地区)政府对本国(地区)货币规定的一种以上的对外汇率,是外汇管制的一种特殊形式。其目的在于奖励出口限制进口,限制资本的流入或流出,以改善国际收支状况。

2. 市场汇率

市场汇率是指在自由外汇市场上买卖外汇的实际汇率。在外汇管理较松的国家(地区),官方宣布的汇率往往只起中心汇率作用,实际外汇交易则按市场汇率进行。

(七)按银行营业时间的不同分类

按银行营业时间的不同,汇率可分为开盘汇率和收盘汇率。

1. 开盘汇率

开盘汇率又叫开盘价,是外汇银行在一个营业日刚开始营业时进行外汇买卖使用的汇率。

2. 收盘汇率

收盘汇率又称收盘价,是外汇银行在一个营业日的外汇交易终了时使用的汇率。

任务三　汇率波动的影响

一、汇率波动的含义

汇率是某种货币可以被转换成其他货币的价格。汇率波动是指货币对外价值的上下波动,即一种货币相对于另一种货币价值的改变,包括货币贬值和货币升值。引起汇率变动的因素很多,如贸易、通货膨胀等。

货币贬值是指某种货币对外价值的下降,或称该种货币汇率下跌。汇率下跌的程度用货币贬值幅度来表示。

货币升值是指某种货币对外价值的上升,或称该种货币汇率上涨。汇率上涨的程度用货币升值幅度来表示。

二、影响汇率波动的因素

(一)国际收支状况

在间接标价法下,当一国(地区)国际贸易收支处于顺差时,在外汇市场上则表现为外汇(币)的供应大于需求,因而本国货币汇率上升,外国货币汇率下降;反之,当国际支出大于收入时,即出现国际收支逆差,在外汇市场上则表现为外汇(币)的供应小于需求,因而本国货币汇率下降,外国货币汇率上升。

(二)通货膨胀率的差异

当一国(地区)出现通货膨胀时,其商品成本增加,出口商品以外币表示的价格必然上涨,该商品在国际市场上的竞争力就会削弱,导致出口减少,同时提高外国商品在本国市场上的竞争力,造成进口增加,从而改变国际贸易收支。此外,通货膨胀率差异还会影响人们对汇率的预期,作用于资本与金融账户收支。

(三)利率差异

当一国(地区)的利率水平高于其他国家(地区)时,一方面表示使用本国(地区)货币资金的成本上升,由此外汇市场上本国(地区)货币的供应相对减少;另一方面也表示放弃使用资金的收益上升,国际短期资本由此趋利而入,外汇市场上外汇供应相对增加。本币、外币资金供求的变化会导致本国货币汇率的上升。反之,当一国(地区)利率水平低于其他国家(地区)时,外汇市场上本币、外币资金供求的变化则会降低本国(地区)货币的汇率。

(四)经济增长率

经济增长是影响汇率波动的最基本的因素。根据凯恩斯学派的宏观经济理论,国民总产值的增长会引起国民收入和支出的增加。收入增加会导致进口产品的需求扩张,继而扩大对外汇的需求,推动本币贬值。而支出的增加意味着社会投资和消费的增加,有利于促进生产的发展,提高产品的国际竞争力,刺激出口增加外汇供给。所以从长期来看,一国经济发展态势良好,则主观评价相对就高,若该国货币坚挺,则经济增长会引起本币升值。

(五)货币政策对市场的干预

货币政策对市场的干预,在一定程度上影响汇率的波动。在浮动汇率制度下,一国(地区)力图通过影响外汇市场中的供求关系来达到支持本国(地区)货币稳定的目的,中央银行影响外汇市场的主要手段是:调整本国的货币政策,通过利率变动影响汇率;直接干预外汇市场;对资本流动实行外汇管制。

(六)市场预期

所谓市场预期是指,外汇交易员对未来汇率短期波动方向的预期与认知,而汇率短期的波动往往就是反映市场观点。这一因素在国际金融市场上表现得尤为突出。汇兑心理学认为,外汇汇率是外汇供求双方对货币主观心理评价的集中体现。市场预期可以有“正面”与“负面”两种。当某种货币的市场观点被视为正面时,会比其他货币相对强势;反之,当某种货币的市场观点被解释成负面时,则会比其他货币相对弱势。这一理论在解释无数短线或极短线的汇率波动上起到了至关重要的作用。

此外,突发事件、国际投机、经济数据的公布、开盘收盘也会对汇率波动产生影响。

三、汇率波动的影响

视频:汇率波动的影响

(一)汇率波动对进出口贸易收支的影响

汇率波动会引起进出口商品价格的变化,从而影响到一国(地区)的进出口贸易。一国(地区)货币的对外贬值有利于该国(地区)增加出口,抑制进口。反之,如果一国(地区)货币对外升值,则有利于进口,不利于出口;汇率波动对非贸易收支的影响如同其对贸易收支的影响。

(二)汇率波动对境内物价水平的影响

从一般原理来看,本币汇率下降,生产者将其产品出口更为有利,出口需求增加;而进口产品用境内价格表示变得昂贵,于是发生替代,对境内产品的需求增加。这两个方面引起的境内产品总需求上升,在短期内生产不能迅速调整的情况下,必然会引起物价水平上升,这就是需求拉动的物价上升。反之,若本币汇率上升,出口商品用外汇表示的价格上升,会抑制出口;同时进口商品用本币表示的价格下降,会促进进口。这两个方面引起的境内商品供给增加,必然会引起境内物价水平下降。

(三)汇率波动对境外资本流动的影响

汇率波动对境外资本流动的影响表现为以下两个方面:一是本币对外贬值后,单位外币能折合更多的本币,这样就会促使境外资本流入增加,境内资本流出减少;二是如果出现本币对外价值将贬未贬、外汇汇率将升未升的情况,则会通过影响人们对汇率的预期,进而引起资本外流。

(四)汇率波动对外汇储备的影响

本币汇率波动会直接影响本国外汇储备数额的增减。一般来讲,一国(地区)货币汇率稳定,外国投资者能够稳定获得利息和红利收入,有利于国际资本的投入,从而有利于促进该国(地区)外汇储备的增长;反之,本币汇率不稳定,则会引起资本外流,使该国(地区)外汇储备减少。同时,当一国(地区)由于本币汇率贬值使其出口额增加并大于进口额时,则该国(地区)外汇收入增加,外汇储备也会相对增加;反之,情况相反。一国(地区)选择储备货币总是要以储备货币汇率长期较为稳定为前提。如果某种储备货币其发行方国际收支长期恶化,货币不断贬值,汇率不断下跌,该储备货币的地位和作用就会不断削弱,甚至会失去其储备货币的地位。

(五)汇率波动对就业、国民收入及资源配置的影响

当一国(地区)本币汇率下降,外汇汇率上升,有利于促进该国(地区)增加出口,抑制进口,这就使得其出口工业和进口替代工业得以大力发展,从而使整个国民经济发展速度加快,就业机会因此增加,国民收入也随之增加。反之,如果一国(地区)货币汇率上升,该国(地区)出口受阻;进口因汇率刺激而大量增加,造成该国(地区)出口工业和进口替代业萎缩,则资源就会从出口工业和进口替代业部门转移到其他部门。

知识拓展:中美贸易摩擦

学习情境二　外币业务的核算

PPT 课件

任务一　外币业务的记账方法及核算程序

随着对外开放的扩大和经济的发展,企业中发生的外币业务越来越多。采用什么方法才能及时准确地记录、反映外币业务的情况,是外贸企业特别关注的一个问题。

一、外币业务的记账方法

外币业务的核算方法一般有两种:一种是外币统账制会计方法,另一种是外币分账制会计方法。

(一)外币统账制会计方法

外币统账制会计方法,是一种以本国货币为记账本位币的记账方法,即以人民币为记账单位记录所进行的外汇交易业务,是将所发生的多种货币经济业务统统折合成人民币加以反映。外币在账上只作为一个补充资料,无论原材料价格、银行存款、产品成本,还是税金及损益,在账上均以人民币金额为准。这种方法对于涉及外币种类少,并且外汇业务量不大的企业比较适用。在企业发生外币业务时,必须及时折算为记账本位币记账,并以此编制会计报表。从我国目前的情况来看,除金融企业外,绝大多数企业采用外汇统账制会计方法进行日常核算。

(二)外币分账制会计方法

外币分账制会计方法,也称原币记账法或多种货币记账法。它是在外汇交易发生时直接用原币记账,而不是折合成人民币记账。采用外币分账制会计方法,除了以人民币为记账本位币外,每种外币各设置一套账,对各种外币的收付,凡有人民币外汇牌价的,平时都按不同的原币分别填制凭证、登记账簿、核算损益和编制会计报表。在资产负债表日将不同币种的会计报表折算为记账本位币表示的会计报表,并与记账本位币业务编制的会计报表汇总,编制整个企业一定会计期间的会计报表。我国的金融企业因外币交易频繁,涉及外币币种较多,所以可以采用外汇分账制会计方法进行日常核算。

二、外币业务的核算程序

(一)外币业务折算汇率的选择

外币业务的折算是指企业处理外币业务过程中,会涉及大量不同货币之间的折算问题,即对一笔外币业务需要进行双重计量和反映,把在发生外币业务过程中实际使用的外币折合为统一计量尺度的记账本位币,并同时记账的程序。外币折算只是货币单位表述的改变,从一种货币计量单位(外币)重新表述为另一种货币计量单位(记账本位币)。我国财务制度规定,折合汇率采用外币业务发生时的国家外汇牌价(原则为中间价,下同),或者当月 1 日的国家外汇牌价。

《企业会计准则第 19 号——外币折算》(2006 年 2 月 15 日)第十条规定:“外币交易应当在初始确认时,采用交易发生日的即期汇率将外币金额折算为记账本位币金额;也可以采用按照系统合理的方法确定的、与交易发生日即期汇率近似的汇率折算。”据此,外贸企业在进行外币折算时,要么选用即期汇率,要么选用即期汇率的近似汇率。其中:

即期汇率,是指中国人民银行公布的当日人民币外汇牌价的中间价。所谓中间价就是买入价和卖出价的平均值。企业发生的外币兑换业务或涉及外币兑换的交易事项,应当按照交易实际采用的汇率(银行买入价或卖出价)折算。

即期汇率的近似汇率,是指按照系统合理的方法确定的、与交易发生日即期汇率近似的汇率,通常采用当期平均汇率或加权平均汇率等。在汇率变动不大时,可以简化核算,利用即期汇率的近似汇率,也可以统一采用业务发生时当期期初的市场汇率。上述折算汇率一经采用,在一个完整的会计期间内一般不做变更。

(二)外汇业务的核算程序

进出口企业在发生外汇业务时,应按照如下的核算程序进行账务处理。

根据确定的外币折算汇率,将外币金额折算为人民币金额,按照折算后的人民币金额登记相关的人民币账户，同时应按照原币的币种和金额登记对应的外币账户。

整个会计期末（月末、季末或年末）应该对各个外币账户的余额，按照期末的市场汇率集中折算为人民币，并将折算后的人民币金额与对应的期末人民币账户余额之间的差额，确认为汇兑损益。

知识拓展：《企业会计准则第19号——外币折算》（财会〔2006〕3号）

任务二　外币业务核算设置的主要账户

一、外币业务核算应设置的主要账户

外币账户应根据实际发生外币业务的科目设置，它包括外币货币资金、外币债权和外币债务三大类。外币业务主要包括日常外币业务和月末外币账户汇率调整两类。发生外币业务时，一般应按当日或月初市场汇率（现汇中间价）将外币金额折合成记账本位币金额。

为了正确核算外币性资产、债权和债务的取得或发生、增减及其结果情况，企业应设置“银行存款——外币户”“应收账款——应收外汇账款”“应付账款——应付外汇账款”“短期借款——短期外汇借款”“物资采购——进口物资采购”“主营业务收入”等账户。

二、外币业务核算主要账户结构和对应账户

由于外币种类较多，难以一一列示，因此，以美元户为例，其他外币同理，故不再赘述。

（一）“银行存款——美元户”账户

该账户是一个资产类账户，用来核算外贸企业在国际贸易中银行存款账户外币存款的增减变动及其结果。该账户用复币登记，其期初余额在借方。本期的增加额登记在借方，本期的减少额登记在贷方。期末余额在借方，表示企业银行存款账户外币原币和按期末汇率折算后的人民币实际数额。

(1)出口销售业务,会计分录为:

借:银行存款——美元户

贷:主营业务收入

(2)进口采购业务,会计分录为:

借:物资采购——进口物资采购

贷:银行存款——美元户

(二)"应收账款——应收外汇账款"账户

该账户是一个资产类账户,用来核算外贸企业在国际贸易中因出口商品或劳务等应向购货单位或接受劳务单位应收外汇账款的应收和已收及其结果情况。该账户用复币登记,其期初余额在借方。本期发生的增加额登记在借方,本期发生的减少额登记在贷方。期末余额在借方,表示应收外汇账款的实际数。

(1)出口销售未收款业务,会计分录为:

借:应收账款——应收外汇账款

贷:主营业务收入

(2)收回应收外汇账款业务,会计分录为:

借:银行存款——美元户

贷:应收账款——应收外汇账款

(三)"应付账款——应付外汇账款"账户

该账户是一个负债类账户,用来核算外贸企业在国际贸易中,因采购进口物资等应付未付外汇账款的增减变动及其结果。该账户用复币登记,若有期初余额,则在贷方。本期发生的增加额登记在贷方,本期发生的减少额登记在借方。期末余额在贷方,表示应付外汇账款的实际数。

(1)归还应付账款业务,会计分录为:

借:应付账款——应付外汇账款

贷:银行存款——美元户

(2)进口物资未付款业务,会计分录为:

借:物资采购——进口物资采购

贷:应付账款——应付外汇账款

(四)"短期借款——短期外汇借款"账户

该账户是一个负债类的账户,用来核算外贸企业在国际贸易中,因进口物资需要支付外汇而向银行借入短期外汇借款的增减变动及其结果。该账户用复币登记,其期初余额在贷方。本期发生的增加额登记在贷方,本期发生的减少额登记在借方。期末余额在贷方,表示尚未归还的短期外汇借款的实际数。

(1)取得短期外汇借款业务,会计分录为:

借:银行存款——美元户

　　贷:短期借款——短期外汇借款

(2)归还短期外汇借款业务,会计分录为:

借:短期借款——短期外汇借款

　　贷:银行存款——美元户

(五)"物资采购——进口物资采购"账户

该账户是一个资产类的账户,用来核算外贸企业在国际贸易中,进口商品和材料等实际成本。该账户若有期初余额则在借方。本期发生的增加额登记在借方,本期发生的减少额登记在贷方。期末余额在借方,表示在途进口商品和材料的实际数额。

(1)采购进口物资业务,会计分录为:

借:物资采购——进口物资采购

　　贷:银行存款——美元户

(2)进口物资验收入库业务,会计分录为:

借:库存商品

　　贷:物资采购——进口物资采购

(六)"主营业务收入"账户

该账户是一个损益类账户,用来核算外贸企业在国际贸易中出口商品或劳务取得的销售收入及其结转情况。该账户无期初余额。本期确认的收入增加额登记在贷方,将本期实现的收入转入本年利润时登记在借方。期末无余额。该账户设有两个明细科目,即"自营出口销售收入"和"代理出口销售收入",用以进行明细核算。

(1)确认收入实现业务,会计分录为:

借:银行存款——美元户

　　贷:主营业务收入

(2)将实现的收入结转业务,会计分录为:

借:主营业务收入

　　贷:本年利润

视频:外币业务的核算

任务三　外汇主要经济业务的会计处理

一、外币兑换业务核算

【例 3-1】 嘉兴市澳杰公司决定把 20 000 美元兑换成人民币。该公司外币业务采用市场汇率折算，银行当日的美元买入价为 1 美元＝6.98 元人民币，美元卖出价为 1 美元＝7.02 元人民币，当日的市场汇率为 1 美元＝7.01 元人民币。该公司在进行会计处理时，编制如下会计分录：

借：银行存款——人民币户　　　(US＄20 000×6.98)139 600

　　财务费用——汇兑损益　　　　　　　　　　　600

　　贷：银行存款——美元户　　　　(US＄20 000×7.01)140 200

【例 3-2】 嘉兴市澳杰公司因进口货物需支付外汇，决定从银行购入 15 000 美元。该公司外币业务采用市场汇率折算，银行当日的美元卖出价为 1 美元＝7.02 元人民币，当日的市场汇率为 1 美元＝7.01 元人民币。该公司在进行会计处理时，编制如下会计分录：

借：银行存款——美元户　　　(US＄15 000×7.01)105 150

　　财务费用——汇兑损益　　　　　　　　　　150

　　贷：银行存款——人民币户　　　　(US＄15 000×7.02)105 300

二、外汇借款业务核算

【例 3-3】 嘉兴市澳杰公司因拓展市场需支付外汇，决定从银行借入 300 000 美元。期限为 6 个月，年利率为 2.4%，当日的市场汇率为 1 美元＝7.01 元人民币。该企业在进行会计处理时，编制如下会计分录：

(1)取得借款时：

借：银行存款——美元户　　　(US＄300 000×7.01)2 103 000

　　贷：短期借款——短期外汇借款　　(US＄300 000×7.01)2 103 000

(2)每个月计提利息时：

每月应付利息为：300 000×2.4%÷12＝600(美元)

借：财务费用——借款利息　　　　(US＄600×7.01)4 206

　　贷：短期借款——短期外汇借款　　　　(US＄600×7.01)4 206

(3)借款到期还本付息时(当日市场汇率为 1 美元＝6.99 元人民币)：

借：短期借款——短期外汇借款　　　(US＄303 600×7.01)2 128 236

　　贷：银行存款——美元户　　　　　(US＄303 600×6.99)2 122 164

　　　　财务费用——汇兑损益　　　　　　　　　　　　6 072

三、接受外币投资的核算

【例 3-4】 嘉兴市澳杰公司收到外商投资 400 000 美元，投资合同约定的汇率为 1 美元＝7.20 元人民币，投资款到账当日汇率为 1 美元＝7.01 元人民币。该公司在进行会计处理时，编制如下会计分录：

借：银行存款——美元户　　(US＄400 000×7.20)2 880 000

　　贷：实收资本　　(US＄400 000×7.20)2 880 000

【例 3-5】 沿用**【例 3-4】**资料，假设投资合同中没有约定汇率，其他条件不变，该公司在进行会计处理时，编制如下会计分录：

借：银行存款——美元户　　(US＄400 000×7.01)2 804 000

　　贷：实收资本　　(US＄400 000×7.01)2 804 000

【例 3-6】 沿用**【例 3-4】**资料，假设投资合同中没约定汇率，但外商的 400 000 美元分两次投入。嘉兴市澳杰公司第一次收到 200 000 美元时的市场汇率为 1 美元＝7.01 元人民币，第二次收到 200 000 美元时的市场汇率为 1 美元＝6.99 元人民币。则该公司在进行会计处理时，编制如下会计分录：

(1)第一次收到 200 000 美元时：

借：银行存款——美元户　　(US＄200 000×7.01)1 402 000

　　贷：实收资本　　(US＄200 000×7.01)1 402 000

(2)第二次收到 200 000 美元时：

借：银行存款——美元户　　(US＄200 000×6.99)1 398 000

　　贷：实收资本　　(US＄200 000×6.99)1 398 000

进出口贸易业务中涉及的外汇业务核算，详见项目五、项目六。

知识卡片：现汇和现钞

现汇可以直接汇到国外，并且只需要支付汇款费就可以；现钞如果要汇到国外，还需要支付运费和保险费，即银行牌价中，现钞买入价和现汇买入价的差值。

现汇和现钞兑换成人民币的价格不同。现汇买入价是指银行买入客户手中的外币现汇的价格。现钞买入价是指银行买入客户手中的外币现钞的价格。现钞买入价低于现汇买入价，所以不要直接将国外的汇款直接解付成现钞或者直接提取现金，最好是直接在银行兑换成人民币。

PPT 课件

学习情境三　汇兑损益的核算

任务一　汇兑损益的含义、产生的原因及核算内容

一、汇兑损益业务的内容

(一)汇兑损益的含义

汇兑损益是汇兑损失和收益的简称。它是指进出口企业在进行外币业务核算时，一定数额的外币因汇率的不断变化，在不同的时点上所对应的记账本位币数额的差额。

我国和世界上大多数国家一样都采用直接标价法。汇率上升是指外币升值，人民币贬值；汇率下降是指外币贬值，人民币升值。汇兑损益在企业的外币核算业务中，是不可避免的业务类型，所不同的是它有时使企业获得汇兑收益，有时则使企业产生汇兑损失。具体来说，当汇率上升时，外币货币性资产产生汇兑收益；反之，当汇率下降时，外币货币性资产则产生汇兑损失。同理，当汇率上升时，外币货币性负债产生汇兑损失；反之，当汇率下降时，外币货币性负债则产生汇兑收益。

(二)汇兑损益的内容

汇兑损益包括外币折算差额和外币兑换差额两个部分。

1.外币折算差额

外币折算差额是指企业各外币账户的记账本位币因折算的时间不同、采用的折算汇率不同而产生的差额。该差额产生的原因是外币业务要采用复币记账，除了以其原币金额反映外，还需按当日汇率将其折算为记账本位币反映。发生外币计价的商品购销业务的时间与收回或偿付外币债权、债务的时间往往不一致，届时因汇率不同会产生外币折算差额。

2.外币兑换差额

外币兑换差额是指外币与记账本位币之间的兑换和不同外币之间的兑换，因实际兑换的汇率与记账汇率不同而产生的差额。

视频：汇兑损益

其中,实际兑换汇率与记账汇率不同而产生的差额,是指在外币兑换中将一定数量的外币结汇时银行买入价和市场汇率的中间价不同,折算成记账本位币后形成的差额,也就是按银行买入价乘以结汇外币的积与市场汇率中间价乘以结汇外币的积之间的差额。同理,当进口需要从银行购入外汇时,由于银行的卖出价和市场汇率的中间价不同,因此折算成记账本位币后也会形成一定的差额,也就是按银行的卖出价乘以购入外币的积和市场汇率中间价乘以购入外币的积之间的差额。

二、汇兑损益核算的要求

(一)汇兑损益的确认方法

汇兑损益的确认要符合权责发生制的要求,在会计核算中及时确认,以便充分反映外汇风险。这里的及时包括外币兑换业务发生时,债权、债务清偿时和会计期末根据当日汇率确认两个方面。确认的方法可分为逐笔结转法和集中结转法两种。

视频:汇兑损益的确认方法

1.逐笔结转法

逐笔结转法是指外贸企业平时发生的外币业务按当日的市场汇率或银行的买入价、卖出价进行折算时,如与账面汇率不同,就立即计算并结转该笔业务的汇兑损益的一种方法。采用这种方法确认汇兑损益时,月末、季末不再确认和结转汇兑损益,到年底再将外币账户中的银行存款、债权和债务中的原币按当日市场汇率折算为人民币,当该人民币的数额与该原币账面上对应的人民币数额存在差额时,即将该差额确认为汇兑损益。

2.集中结转法

集中结转法是指外贸企业平时发生的外币业务除结汇和购汇外,均按照市场汇率登记原币和折算的人民币数额,不确认汇兑损益,月末再将外币账户中的银行存款、债权和债务中的原币按当日市场汇率折算为人民币,将折算的人民币数额与该原币账面上对应的人民币数额对比,确认汇兑损益。集中结转法每个月月底都要确认一次汇兑损益。采用这种方法确认汇兑损益时,由于结汇和购汇涉及银行的买入价、卖出价和市场汇率,以及账面上原币数和折算的人民币数,为防止遗漏,应按笔结转汇兑损益。

逐笔结转法和集中结转法虽月末、季末结果不一样,但年末两种方法的结果是一样的。企业可以自行选定一种,但选定后,在一个会计年度内不得变更。究竟采用哪种方法好,应视企业外汇业务量的大小和财会人员的习惯,按避繁就简的原则来定。一般来说,外汇业务量不大,笔数比较集中,金额又大的企业宜采用逐笔结转法;外汇业务量大且零星的企业宜采用集中结转法。

(二)汇兑损益核算的要求

企业会计制度对各种情况下汇兑损益的处理做出了明确的规定:

第一,项目筹建期间发生的汇兑损益,应计入长期待摊费用,并在投入生产经营的当月起,一次性计入当月损益。

第二,与购建固定资产有关的外币专门借款产生的汇兑损益,按照借款费用的处理原则进行处理。即符合资本化条件的,应当予以资本化,计入该项目固定资产的购建成本。

第三,企业经营期间因从事生产经营活动而发生的汇兑损益,应作为当期损益处理,计入财务费用账户。

第四,因银行结售汇或者不同币种之间的兑换而产生的银行买入价、卖出价与企业折算汇率之间的差额,应计入当期财务费用。

任务二　汇兑损益核算设置的主要账户

一、汇兑损益核算应设置的主要账户

为了正确核算企业因各种原因产生的汇兑损益的增加、减少和结转情况,企业应设置“财务费用——汇兑损益”“银行存款——外币户”“应收账款——应收外汇账款”“应付账款——应付外汇账款”“短期借款——短期外汇借款”和“本年利润”等账户。

二、汇兑损益核算主要账户的结构和对应账户

(一)“财务费用——汇兑损益”账户

该账户是损益类账户中的期间费用账户,用来核算外贸企业在国际贸易中因汇兑损益而产生财务费用的增加、减少及其结转情况。该账户无期初余额。本期发生的增加额登记在借方,本期发生的减少额和结转额登记在贷方。该账户期末也无余额。

1. 若期末市场汇率低于账面汇率:

(1)外币资产形成汇兑损失,会计分录为:

　　借:财务费用—汇兑损益

　　　　贷:银行存款——外币户/应收账款——应收外汇账款

(2)外币负债形成汇兑收益,会计分录为:

借:应付账款——应付外汇账款/短期借款——短期外汇借款

贷:财务费用——汇兑损益

2.若期末市场汇率高于账面汇率:

(1)外币资产形成汇兑收益,会计分录为:

借:银行存款——外币户/应收账款——应收外汇账款

贷:财务费用——汇兑损益

(2)外币负债形成汇兑损失,会计分录为:

借:财务费用——汇兑损益

贷:应付账款——应付外汇账款/短期借款——短期外汇借款

3.期末将汇兑损益转入本年利润账户,会计分录为:

借:本年利润

贷:财务费用——汇兑损益

(二)“本年利润”账户

该账户是一个所有者权益类账户,用来核算企业在会计年度实现的净利润及其结转情况。该账户一般无期初余额,若有期初余额则一般在贷方。借方登记由成本费用类账户贷方转入的数额,贷方登记由收入类账户借方转入的数额。期末余额若在贷方则为利润,若为借方则为亏损。年度终了应将其净利润或亏损,转入“利润分配——未分配利润”账户。该账户结转后无余额。

(1)将汇兑损益转入本年利润,会计分录为:

借:本年利润

贷:财务费用——汇兑损益

(2)将投资收益转入本年利润,会计分录为:

借:投资收益

贷:本年利润

因“应收账款——应收外汇账户”“应付账款——应付外汇账款”“银行存款——外币户”和“短期借款——短期外汇借款”账户的结构和对应账户在外汇业务核算中已做介绍,故在此不再赘述。

任务三　汇兑损益核算业务的会计处理

【例 3-7】 核算资料:嘉兴市澳杰公司 2021 年 12 月 1 日涉及汇兑损益账户的期初余额,如表 3-2 所示。

表 3-2 汇兑损益账户期初余额

账户名称	外币余额	汇率	人民币余额
银行存款——美元户	US＄200 000	7.20	1 440 000
应收账款——A 公司	US＄50 000	7.15	357 500
应付账款——B 公司	US＄30 000	7.16	214 800
短期借款——短期外汇借款	US＄100 000	7.18	718 000

该公司 2020 年 12 月发生的涉及汇兑损益的业务如下：

(1)12 月 5 日，国外 A 公司上月所欠货款 50 000 美元收到入账，当日市场汇率为 1 美元＝7.13 元人民币。

(2)12 月 10 日，又向国外 A 公司出口产品一批，CIF 价格为 60 000 美元，货款尚未收到，当日的市场汇率为 1 美元＝7.13 元人民币。

(3)12 月 12 日，从银行存款美元户中支付上月所欠国外 B 公司货款 30 000 美元，当日市场汇率为 1 美元＝7.13 元人民币。

(4)12 月 16 日，从国外 B 公司进口甲商品 40 件，每件单价 1 000 美元，货款尚未支付，当日市场汇率为 1 美元＝7.13 元人民币。

(5)12 月 18 日，将 50 000 美元兑换成人民币，当日银行买入价为 1 美元＝7.12 元人民币，市场汇率为 1 美元＝7.13 元人民币。

(6)12 月 20 日，从银行存款美元户中支付外方工作人员工资 12 000 美元，当日的市场汇率为 1 美元＝7.13 元人民币。

(7)12 月 25 日，收到国外 A 公司所欠货款 60 000 美元，当日的市场汇率为 1 美元＝7.12 元人民币。

(8)12 月 25 日，向银行购入 10 000 美元，当日的市场汇率为 1 美元＝7.12 元人民币，银行卖出价为 1 美元＝7.13 元人民币。

(9)12 月 26 日，用 70 000 美元归还短期借款，当日的市场汇率为 1 美元＝7.12 元人民币。

(10)12 月 27 日，用 40 000 美元归还 12 月 16 日所欠国外 B 公司的货款，当日的市场汇率为 1 美元＝7.12 元人民币。

(11)12 月 28 日，向国外 A 公司出口产品一批，CIF 价格为 58 000 美元，货款尚未收到，当日市场汇率为 1 美元＝7.12 元人民币。

(12)12 月 29 日，从国外 B 公司进口甲产品 20 件，CIF 价格为每件 1 000 美元，货款尚未支付，当日的市场汇率为 1 美元＝7.11 元人民币。

(13)12 月 31 日，市场汇率为 1 美元＝7.10 元人民币。

核算要求：根据上述资料用逐笔结转法和集中结转法分别编制会计分录，登记 T 形账户，并确认汇兑损益。

一、逐笔结转法确认汇兑损益

根据2021年12月经济业务的内容，嘉兴市澳杰公司在进行会计处理时，编制如下会计分录。

(1)借：银行存款——美元户　(US＄50 000×7.13)356 500
　　财务费用——汇兑损益　1 000
　　贷：应收账款——应收外汇账款——A公司
　　　(US＄50 000×7.15) 357 500

(2)借：应收账款——应收外汇账款——A公司
　　　(US＄60 000×7.13)427 800
　　贷：主营业务收入——自营出口销售收入　(US＄60 000×7.13)427 800

(3)借：应付账款——应付外汇账款——B公司
　　　(US＄30 000×7.16)214 800
　　贷：银行存款——美元户　(US＄30 000×7.13)213 900
　　　财务费用——汇兑损益　900

(4)借：物资采购——进口物资采购　(US＄40 000×7.13)285 200
　　贷：应付账款——应付外汇账款——B公司　(US＄40 000×7.13)285 200

(5)借：银行存款——人民币户　(US＄50 000×7.12)356 000
　　财务费用——汇兑损益　500
　　贷：银行存款——美元户　(US＄50 000×7.13)356 500

(6)借：应付职工薪酬　(US＄12 000×7.13)85 560
　　贷：银行存款——美元户　(US＄12 000×7.13)85 560

(7)借：银行存款——美元户　(US＄60 000×7.12)427 200
　　财务费用——汇兑损益　600
　　贷：应收账款——应收外汇账款——A公司
　　　(US＄60 000×7.13)427 800

(8)借：银行存款——美元户　(US＄10 000×7.12)71 200
　　财务费用——汇兑损益　100
　　贷：银行存款——人民币户　(US＄10 000×7.13)71 300

(9)借：短期借款——短期外汇借款　(US＄70 000×7.18)502 600
　　贷：银行存款——美元户　(US＄70 000×7.12)498 400
　　　财务费用——汇兑损益　4 200

(10)借:应付账款——应付外汇账款——B公司

(US$40 000×7.13)285 200

贷:银行存款——美元户 (US$40 000×7.12)284 800

财务费用——汇兑损益 400

(11)借:应收账款——应收外汇账款——A公司

(US$58 000×7.12)412 960

贷:主营业务收入——自营出口销售收入 (US$58 000×7.12)412 960

(12)借:物资采购——进口物资采购 (US$20 000×7.11)142 200

贷:应付账款——应付外汇账款——B公司

(US$20 000×7.11)142 200

(13)根据期初余额和本期经济业务的会计分录用复币登记涉及汇兑损益的T形账户,分账户确认汇兑损益,并编制复合会计分录。

①银行存款——美元户。

借方　　银行存款——美元户　　贷方

借方			贷方		
期初余额 US$200 000	7.20	1 440 000			
(1)US$50 000	7.13	356 500	(3)US$30 000	7.13	213 900
(7)US$60 000	7.12	427 200	(5)US$50 000	7.13	356 500
(8)US$10 000	7.12	71 200	(6)US$12 000	7.13	85 560
			(9)US$70 000	7.12	498 400
			(10)US$40 000	7.12	284 800
US$118 000		855 740			

期末汇率人民币:US$118 000×7.10=837 800元

期末人民币差额:837 800−855 740=−17 940元

该账户损益分录:

借:财务费用——汇兑损益 17 940

贷:银行存款——美元户 17 940

②应收账款——应收外汇账款——A公司。

借方　　应收账款——应收外汇账款——A公司　　贷方

借方			贷方		
期初余额 US$50 000	7.15	357 500			
(2)US$60 000	7.13	427 800	(1)US$50 000	7.15	357 500
(11)US$58 000	7.12	412 960	(7)US$60 000	7.13	427 800
US$58 000		412 960			

期末汇率人民币：US＄58 000×7.10＝411 800元

期末人民币差额：411 800－412 960＝－1 160元

该账户损益分录：

借：财务费用——汇兑损益　　1 160

　贷：应收账款——应收外汇账款——A公司　　1 160

③应付账款——应付外汇账款——B公司。

借方　　应付账款——应付外汇账款——B公司　　贷方

借方			贷方		
			期初余额 US＄30 000	7.16	214 800
(3)US＄30 000	7.16	214 800	(4) US＄40 000	7.13	285 200
(19)US＄40 000	7.13	285 200	(12) US＄20 000	7.11	142 200
			US＄20 000		142 200

期末汇率人民币：US＄20 000×7.10＝142 000元

期末人民币差额：142 000－142 200＝－200元

该账户损益分录：

借：应付账款——应付外汇账款——B公司　200

　贷：财务费用——汇兑损益　　200

④短期借款——短期外汇借款。

借方　　短期借款——短期外汇借款　　贷方

借方			贷方		
			期初余额 US＄100 000	7.18	718 000
(9)US＄70 000	7.18	502 600			
			US＄30 000		215 400

期末汇率人民币：US＄30 000×7.10＝213 000元

期末人民币差额：213 000－215 400＝－2 400元

该账户损益分录：

借：短期借款——短期外汇借款　　2 400

　贷：财务费用——汇兑损益　　2 400

确认汇兑损益的复合会计分录：

借：财务费用——汇兑损益　　16 500

　应付账款——应付外汇账款　　200

　短期借款——短期外汇借款　　2 400

　贷：银行存款——美元户　　17 940

　　应收账款——应收外汇账款　　1 160

二、集中结转法确认汇兑损益

根据2021年12月经济业务的内容，嘉兴市澳杰公司在进行会计处理时，编制如下会计分录。

(1)借：银行存款——美元户　(US＄50 000×7.13)356 500
　　贷：应收账款——应收外汇账款——A公司　(US＄50 000×7.13)356 500

(2)借：应收账款——应收外汇账款——A公司
　　(US＄60 000×7.13)427 800
　　贷：主营业务收入——自营出口销售收入　(US＄60 000×7.13)427 800

(3)借：应付账款——应付外汇账款——B公司
　　(US＄30 000×7.13)213 900
　　贷：银行存款——美元户　(US＄30 000×7.13)213 900

(4)借：物资采购——进口物资采购　(US＄40 000×7.13)285 200
　　贷：应付账款——应付外汇账款——B公司　(US＄40 000×7.13)285 200

(5)借：银行存款——人民币户　(US＄50 000×7.12)356 000
　　财务费用——汇兑损益　500
　　贷：银行存款——美元户　(US＄50 000×7.13)356 500

(6)借：应付职工薪酬　(US＄12 000×7.13)85 560
　　贷：银行存款——美元户　(US＄12 000×7.13)85 560

(7)借：银行存款——美元户　(US＄60 000×7.12)427 200
　　贷：应收账款——应收外汇账款——A公司　(US＄60 000×7.12)427 200

(8)借：银行存款——美元户　(US＄10 000×7.12)71 200
　　财务费用——汇兑损益　100
　　贷：银行存款——人民币户　(US＄10 000×7.13)71 300

(9)借：短期借款——短期外汇借款　(US＄70 000×7.12)498 400
　　贷：银行存款——美元户　(US＄70 000×7.12)498 400

(10)借：应付账款——应付外汇账户——B公司
　　(US＄40 000×7.12)284 800
　　贷：银行存款——美元户　(US＄40 000×7.12)284 800

(11)借：应收账款——应收外汇账款——A公司
　　(US＄58 000×7.12)412 960
　　贷：主营业务收入——自营出口销售收入　(US＄58 000×7.12)412 960

(12)借：物资采购——进口物资采购　(US＄20 000×7.11)142 200
　　贷：应付账款——应付外汇账款——B公司
　　(US＄20 000×7.11)142 200

(13)根据期初余额和本期经济业务的会计分录用复币登记涉及汇兑损益的 T 形账户,分账户确认汇兑损益,并编制复合会计分录。

①银行存款——美元户。

银行存款——美元户

借方			贷方		
期初余额 US$ 200 000	7.20	1 440 000			
(1) US$ 50 000	7.13	356 500	(3)US$ 30 000	7.13	213 900
(7) US$ 60 000	7.12	427 200	(5)US$ 50 000	7.13	356 500
(8) US$ 10 000	7.12	71 200	(6)US$ 12 000	7.13	85 560
			(9)US$ 70 000	7.12	498 400
			(10)US$ 40 000	7.12	284 800
US$ 118 000		855 740			

期末汇率人民币:US$ 118 000×7.10=837 800 元

期末人民币差额:837 800－855 740=－17 940 元

该账户损益分录:

借:财务费用——汇兑损益　　　17 940

　贷:银行存款——美元户　　　　　17 940

②应收账款——应收外汇账款——A 公司。

应收账款——应收外汇账款——A 公司

借方			贷方		
期初余额 US$ 50 000	7.15	357 500			
(2) US$ 60 000	7.13	427 800	(1)US$ 50 000	7.13	356 500
(11) US$ 58 000	7.12	412 960	(7)US$ 60 000	7.12	427 200
US$ 58 000		414 560			

期末汇率人民币:US$ 58 000×7.10=411 800 元

期末人民币差额:411 800－414 560=－2 760 元

该账户损益分录:

借:财务费用——汇兑损益　　　2 760

　贷:应收账款——应收外汇账款——A 公司　2 760

③应付账款——应付外汇账款——B 公司。

应付账款——应付外汇账款——B 公司

借方			贷方			
			期初余额	US$ 30 000	7.16	214 800
(3)US$ 30 000	7.13	213 900	(4)	US$ 40 000	7.13	285 200
(10)US$ 40 000	7.12	284 800	(12)	US$ 20 000	7.11	142 200
				US$ 20 000		143 500

期末汇率人民币：US＄20 000×7.10＝142 000 元

期末人民币差额：142 000－143 500＝－1 500 元

该账户损益分录：

借：应付账款——应付外汇账款——B 公司　　1 500

　贷：财务费用——汇兑损益　　1 500

④短期借款——短期外汇借款。

借方			短期借款——短期外汇借款		贷方
			期初　US＄100 000	7.18	718 000
(9)US＄70 000	7.12	498 400			
			US＄30 000		219 600

期末汇率人民币：US＄30 000×7.10＝213 000

期末人民币差额：213 000－219 600＝－6 600

该账户损益分录：

借：短期借款——短期外汇借款　　6 600

　贷：财务费用——汇兑损益　　6 600

集中结转法下确认汇兑损益的复合会计分录：

借：财务费用——汇兑损益　　12 600

　应付账款——应付外汇账款　　1 500

　短期借款——短期外汇借款　　6 600

　贷：银行存款——美元户　　17 940

　　应收账款——应收外汇账款——A 公司　　2 760

三、逐笔结转法和集中结转法下财务费用——汇兑损益比较

逐笔结转下的财务费用：

财务费用——汇兑损益

借方	贷方
(1)1 000	(3)900
(5)500	(9)4 200
(7)600	(10)400
(8)100	
复 16 500	
13 200	

集中结转法下的财务费用：

财务费用——汇兑损益

借方	贷方
(5)500	
(8)100	
复 12 600	
13 200	

课程思政案例

项目三　案例

项目三　实验实训

一、实验资料

2021 年 7 月 1 日，嘉兴市澳杰公司外币账户余额如表 3-3 所示。

表 3-3　账户余额

项　目	外币账户金额(美元)	汇率	记账本位币(人民币元)
银行存款	115 000	6.73	773 950
应收外汇账款	72 000	6.73	484 560
应付外汇账款	52 000	6.73	349 960

2021 年 7 月接着发生下列有关的经济业务：

(1)7 月 2 日，支付上月结欠仕仁公司外汇账款 52 000 美元，当日美元汇率的中间价为 6.74 元。

(2)7 月 4 日，销售给米仓公司电器一批，发票金额为 97 000 美元，当日美元的中间价为 6.74 元。

(3)7 月 7 日，向韩丽公司进口电器一批，发票金额为 830 000 美元，款项尚未支付，当日美元汇率的中间价为 6.74 元。

(4)7 月 9 日，向银行购汇 90 000 美元，以备支付前欠韩丽公司货款，当日卖出价 6.81 元，当日美元汇率中间价为 6.75 元。

(5)7 月 10 日，支付前欠韩丽公司货款 83 000 美元，当日美元汇率中间价为 6.73 元。

(6)7 月 12 日，银行收妥上月华美公司结欠款项 72 000 美元，送来收汇通知，当日美元汇率中间价为 6.73 元。

(7)7 月 16 日，银行收妥米仓公司款项 97 000 美元，送来外汇通知，当日美元汇率中间价为 6.73 元。

(8)7 月 20 日,因外币存款余额已超出限额 10 000 美元,今将 10 000 美元向银行办理结售汇手续,当日汇率买入价为 6.72 元,中间价为 6.76 元。

(9)7 月 23 日,销售给华美公司电器一批,发票金额为 62 000 美元,当日美元汇率中间价为 6.73 元。

(10)7 月 27 日,向奥莱公司购进电器一批,发票金额为 74 300 美元,款项尚未支付,当日美元汇率中间价为 6.73 元。

(11)7 月 30 日,美元市场汇率的中间价为 6.73 元,调整各外币账户的期末余额。

二、实验要求

(1)外币账户按当日汇率折算,用逐笔结转法编制会计分录。

(2)设置并登记各外币账户,确认汇兑损益。

项目练习

项目三　练习

项目四　国际贸易方式及国际结算方式

主要内容导读

本项目主要设置了三个学习情境：国际贸易方式、外贸企业进出口经营方式和国际贸易结算及业务处理。学习情景一具体学习任务涉及国际贸易方式；学习情境二介绍了外贸企业进出口经营方式包括自营进出口和代理进出口；学习情境三具体学习任务包括国际贸易结算、国际贸易结算业务设置的主要账户及具体国际结算业务的会计处理。

同时，为了开阔学生的视野，本项目还准备了一些拓展阅读资料，如跨境电子商务的发展及机遇、自营进出口业务和代理进出口业务。

职业能力要求

掌握国际贸易方式的种类；

掌握外贸企业进出口经营方式；

能恰当选择国际结算方式；

熟练掌握具体国际结算业务的会计处理。

课程思政

国际贸易和国际政治经济联系甚是紧密，国际政治经济形势的变化，会直接影响外贸企业的贸易交易是盈利还是亏损，而国际结算是国际贸易中最为关键的一个环节，关系到收汇与付汇的安全。因此，作为经济类专业的高职学生，要关注国际政治经济时事，根据不同的贸易对象和贸易方式，充分考虑风险和便利情况，恰当选择国际结算方式，维护企业资金安全，保证交易顺利进行。

情境引例

嘉兴市澳杰公司从美国D公司进口商品一批，货款 80 000 美元，合同约定采用信用证方式付款。该公司向银行开立信用证 80 000 美元，以银行存款支付开证手续费 1 000 元。当日的市场汇率为 1 美元＝7.10 元人民币。

项目任务

请根据情境引例中的相关资料，对信用证开立、支付银行手续费和收到进口商品三个环节的业务进行会计处理，并编制会计分录。

PPT 课件

学习情境一　国际贸易方式

国际贸易方式，是指国际贸易中采用的各种方法。其范围广，交易类型复杂。随着国际贸易的发展，贸易方式亦日趋多样化，除采用逐笔售定的方式外，还有包销、代理、寄售、招标与投标、拍卖、期货交易、对销贸易等。

一、包销

包销(exclusive sales)是国际贸易中习惯采用的方式之一。在我国出口业务中，根据某些商品的特点和扩大出口的需要，在适当的市场上，选择适当客户，也可采用包销方式。包销是指出口人(委托人)通过协议把某一种商品或某一类商品在某一地区和期限内的经营权给予国外某个客户或公司的贸易做法。尽管包销也是售定，但包销与通常所说的单边逐笔出口不同，它除了当事人双方签有买卖合同外，还须事先签有包销协议。采用包销方式，买卖双方的权利与义务是由包销协议所确定的，双方签订的买卖合同也必须符合包销协议的规定。

二、代理

代理(agency)是指代理人按照本人的授权，代本人同第三者订立合同或做其他法律行为。由此产生的权利与义务直接对本人发生效力。

代理人与委托人之间的关系属于委托买卖关系。代理人在代理业务中，只代表委托人行为，如寻找客户、寻找订单、代表委托人签订买卖合同、处理委托人的货物、收受货款等，他本身并不作为合同的一方参与交易。

三、寄售

寄售(consignment)既是一种委托代售的贸易方式，也是国际贸易中习惯采用的做法之一。在我国进出口业务中，尽管寄售方式运用并不普遍，但在某些商品的交易中，为促进成交，扩大出口的需要，也可适当运用寄售方式。寄售是一种有别于代理销售的贸易方式。它是指委托人(货主)先将货物运往寄售地，再委托国外一个代销人(受委托人),按照寄售协议约定的条件,由代销人代替货主进行货物出售,货物出售后,由代销人向货主结算货款的一种贸易做法。

四、招标与投标

招标(invitation to tender)是指招标人在确定的时间、地点发出招标公告或招标单,提出准备买进商品的品种、数量和有关买卖条件,邀请卖方参与投标的行为。投标(tender)是指投标人应招标人的邀请,根据招标公告或招标单的规定条件,在规定的时间内向招标人递盘的行为。实际上招标与投标是一种贸易方式的两个方面。

五、拍卖

拍卖(auction)是由专营拍卖行接受货主的委托,在一定的时间和地点,按照一定的章程和规则,以公开叫价竞购的形式把货物给出价最高的买主的一种现货交易方式。通过拍卖进行交易的商品大都是些品质不易标准化的,或是难以久存的,抑或习惯上采用拍卖方式进行的交易商品。

拍卖一般是由从事拍卖业务的专门组织,在一定的拍卖中心市场及时间内按照当地特有法律和规章程序进行的。

六、期货交易

期货交易(futures transaction)是以现货交易为基础,以远期合同交易为雏形发展起来的一种高级的交易方式。它是指为转移市场价格波动风险,而对那些大批量均质商品所采取的,通过经纪人在商品交易所内,以公开竞争的形式进行期货合约的买卖形式。

期货交易不同于商品中的现货交易。众所周知,在现货交易的情况下,买卖双方可以以任何方式,在任何时间和地点达成实物交易。卖方必须交付实际货物,买方必须支付货款。而期货交易则是在一定时间、在特定期货市场上,即在商品交易所内,按照交易所预先制订的“标准期货合同”进行的期货买卖,成交后买卖双方并不移交真实商品的所有权。

七、对销贸易

对销贸易(counter trade)在我国又译为“反向贸易”“互抵贸易”“对等贸易”,也有人把它笼统地称为“易货”。

我们一般可以把对销贸易理解为包括易货、记账贸易、互购、产品回购、转手贸易等属于货物买卖范畴，以进出结合、出口抵补进口为特征的各种贸易方式的总称。

此外，随着网络技术的发展和不断成熟，跨境电子商务已经成为国际贸易领域里一场深刻的商业革命。

跨境电子商务是指分属不同关境的交易主体，通过电子商务平台达成交易、进行支付结算，并通过跨境物流送达商品、完成交易的一种国际商业活动。我国跨境电子商务主要分为企业对企业（B2B）和企业对消费者（B2C）的贸易模式。在B2B模式下，企业运用电子商务以广告和信息发布为主，成交和通关流程基本在线下完成，本质上仍属传统贸易，已纳入海关一般贸易统计。在B2C模式下，我国企业直接面对国外消费者，以销售个人消费品为主，物流方面主要采用航空小包、邮寄、快递等方式，其报关主体是邮政或快递公司。目前，大多数个人消费品未纳入海关登记。

知识拓展：跨境电商的发展及机遇

PPT课件

学习情境二　外贸企业进出口经营方式

世界各国的各种外贸单位从事外贸活动主要的经营方式通常是主体自营方式与中间商代理方式。

一、出口业务

视频：自营出口销售

（一）自营出口销售

自营出口销售是外贸企业自身经营的出口或转口商品的销售业务。自营出口销售一般在取得货运单据，向银行办妥交单结汇后确认销售实现，其销售收入一律以FOB价格为准，由银行按结汇日牌价折合成人民币转账。我国企业应负担的国外运费、保险费、佣金及其他费用，做冲减销售收入处理。商品的销售成本可按分批实际进价法、加权平均法计算求得。对外应付的理赔款，属于数量短少的，冲减销售收入和销售成本。质量问题理赔，如属供应单位责任，冲减销售收入，向供应单位索赔，收回索赔款时，再冲减销售成本；如属外贸企业本身责任，则做财产损失处理。自营出口销售具有以下特点：

其一，自负盈亏。出口商品定价和与出口业务有关的一切境内外费用以及佣金支出、索赔、理赔等，均由出口企业自行承担，出口销售的盈亏也由出口企业自行负责。

其二，自办业务。由出口企业自己办理所有出口业务流程，包括办理出口退税，并享有出口退税收入。

(二)代理出口销售

代理出口销售是出口企业接受其他企业的委托代为办理出口的一种贸易方式。代理出口必须事先签订代理出口协议。受托企业与外商签订出口合同，代为办理报关出口和外汇结算等业务。受托企业只向委托企业收取相应的手续费，不负担出口产品的盈亏。出口退(免)税由委托企业申报，并享有出口退税的收入。

视频：代理出口销售

代理出口销售具有以下特点：

一是受托、委托双方应事先签订代理出口销售协议，明确规定经营商品、代理范围、商品交接、储存运输、费用负担、手续费率、外汇划拨、索赔处理、货款结算以及双方有关职责等。

二是受托企业经办代理出口销售业务，不垫付商品资金、不负担基本费用、不承担出口销售盈亏，仅收取规定的手续费。

三是受托企业按出口销货发票的金额及规定的手续费率，向委托企业收取手续费，作为经办代理出口销售业务的管理费用开支和收益。

四是代理出口商品的出口退税归委托企业所有，一般先由受托企业负责去所在地的税务部门开立代理出口退税证明，再由委托企业持证明和出口报关单、出口收汇核销单及代理出口协议副本等文件向当地税务部门办理退税。

二、进口业务

(一)自营进口业务

所谓自营进口业务，是指外贸企业用自有外汇、自借外汇以及自用以进养出外汇等所自行组织的商品进口。自营进口业务的各种费用由外贸企业自行支付，其经营结果由企业自行承担。

视频：自营进口

外贸企业对国内用货部门的货款结算，长期以来都是按国家规定的统一价进行计价。一般的做法是：国内有同类产品的进口商品，则按国内同类产品的全国统一出厂价格或供应价格计算；如果没有统一出厂价格或供应价格，则按商业批发牌价计算。对于国内无同类产品的进口商品，则采取加成作价的方法，即按 CIF 价格另加税金和费用确定进口商品的价格。随着价格体制的改革，外贸企业出现了一些新的价格管理制度，对内结算的价格可以按不同的商品分别采用国家定价、国家指导价和市场议价等价格形式。

视频：代理进出口业务

（二）代理进口业务

代理进口业务是指外贸企业接受委托单位的委托，使用委托单位的外汇进口商品，并按代理方式作价加收手续费，销售给用货单位的销售业务。代理进口业务与自营进口业务不同，代理进口业务所使用的外汇都是委托单位的外汇（如委托单位的自有外汇、外汇借款、以进养出外汇等），无须占用代理企业的自有资金。

代理进口商品的境外货款、境外运费和保险费、进口税金以及各种境内费用都由委托企业负责支付，其盈亏责任也完全由委托企业自行承担，受托企业仅按一定的比例收取手续费。

知识拓展：我国进出口经营方式发展历程

PPT 课件

学习情境三　国际贸易结算及业务处理

任务一　国际贸易结算

一、国际贸易结算概述

国际结算亦称“国际清算”。通过国际货币收付，对国与国之间因经济、政治和文化往来而发生的债权、债务予以清算。依据发生债权、债务关系的原因不同，国际结算可分为贸易结算和非贸易结算。由国际贸易及其从属费用引起的货币收付，称为贸易结算；由贸易以外的往来，如侨民汇款、劳务供应、出国旅游、利润转移、资金调拨、驻外机构费用等引起的货币收付，称为非贸易结算。贸易结算是国际结算的主要内容。在国际收付款项直接通过运送货币金属结算的，称为现金结算；利用票据转让和转账划拨结清债务的，称非现金结算或转账结算。贸易结算主要包括票据（资金单据）、汇款方式、托收、信用证、保函、保付代理、福费廷等业务；非贸易结算主要包括非贸易汇款、非贸易信用证、旅行支票、非贸易票据的买入与托收、信用卡和外币兑换等。

二、国际贸易结算方式

在非现金结算制下，按结算工具的传递方向和资金流动方向的不同，国际结算的基本方式可分两种：①逆汇（honour of draft），亦称“出票法”。即由债权人（收款方）主动签发票据，委托国内外汇银行通过其国外联行或代理行代向国外债务人收取一定款项。由于结算工具（如票据）传递方向与资金流动方向相反，因此称逆汇。国际贸易项下信用证、无证出口托收及非贸易票据托收结算均属逆汇。②顺汇（remittance），亦称“汇付法”。即由债务人（付款方）将款项主动提交国内外汇银行，委托该行通过其国外联行或代理行将款项汇付给国外债权人。由于结算工具（如支付委托书）的传递方向与资金流动方向相同，因此称顺汇。银行办理的一切汇款业务均属顺汇。下面介绍几种国际贸易中常用的结算方式。

（一）信用证

信用证（letter of credit，L/C），是指由银行（开证行）依照（申请人的）要求和指示或自己主动在符合信用证条款的条件下，凭规定单据向第三方（受益人）或其指定方进行付款的书面文件。它是一种银行开立的有条件的承诺付款的书面文件。

在国际贸易活动中，买卖双方可能存在互不信任的情况，例如：买方担心预付货款后，卖方不按合同要求发货；卖方也担心在发货或提交货运单据后买方不付款，因此需要两家银行作为买卖双方的保证人，代为收款交单，以银行信用代替商业信用。银行在这一活动中所使用的工具就是信用证。信用证结算流程如图 4-1 所示。

（二）汇付

汇付亦称汇款，是国际结算支付方式之一。付款方通过第三方（一般是银行）使用各种结算工具，主动将款项汇付给收款方的一种业务处理方式。汇款业务中通常有四个基本当事人：汇款人（付款人）、汇出行、汇入行、收款人。常用的汇款方式有信汇、电汇和票汇三种。

视频：汇付

1. 信汇

信汇是由汇款人向银行提出申请，同时交存一定金额及手续费，汇出行将信汇委托书以邮寄方式寄给汇入行，授权汇入行向收款人解付一定金额的一种汇兑结算方式。

在进出口贸易合同中，如果约定凭商业汇票“见票即付”，则由汇出行把商业汇票和各种单据用信函寄往国外收款行，进口商银行见汇票后，用信汇向议付行拨付

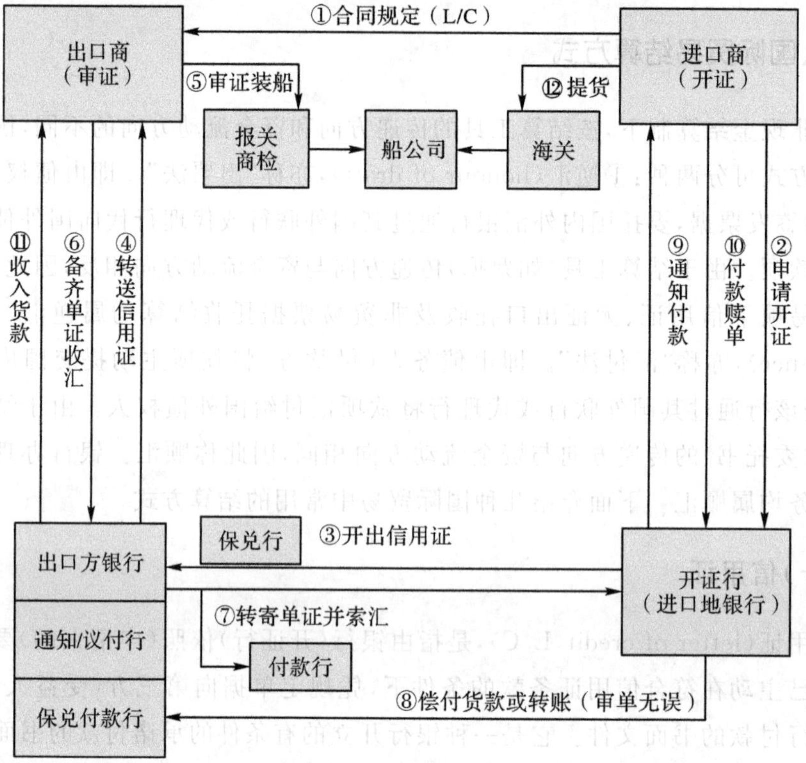

图 4-1 信用证结算流程

外汇，这就是信汇方式在进出口结算中的运用。进口商有时为了推迟支付货款的时间，常在信用证中加注“单到国内，信汇付款”条款。这不仅可避免本身的资金压力，而且可在国内验单后付款，保证进口商品的质量。

2. 电汇

电汇是指通过电报办理汇兑。电汇是付款人将一定款项交存汇款银行，汇款银行通过电报或电话传给目的地的分行或代理行（汇入行），指示汇入行向收款人支付一定金额的一种交款方式。目前，这种方式在国际贸易中使用较多。

电汇中的电报费用由汇款人承担，银行对电汇业务一般均在当天处理，不占用邮递过程的汇款资金，因此对于金额较大的汇款或通过 SWIFT（银行结算系统）或银行间的汇划，多采用电汇方式。信汇和电汇结算流程如图 4-2 所示。

3. 票汇

票汇是指汇出行应汇款人的申请，代汇款人开立以其分行或代理行为解付行的银行即期汇票，支付一定金额给收款人的一种汇款方式。

银行在受理票汇业务时，需签发一张汇票给汇款人，并向汇入行寄送汇票通知书。当收款人持汇票向汇入行提取款项时，汇入行在审验汇票和单据无误后，解付票款给收款人。除此之外，票汇的其他手续与信汇、电汇基本相同。

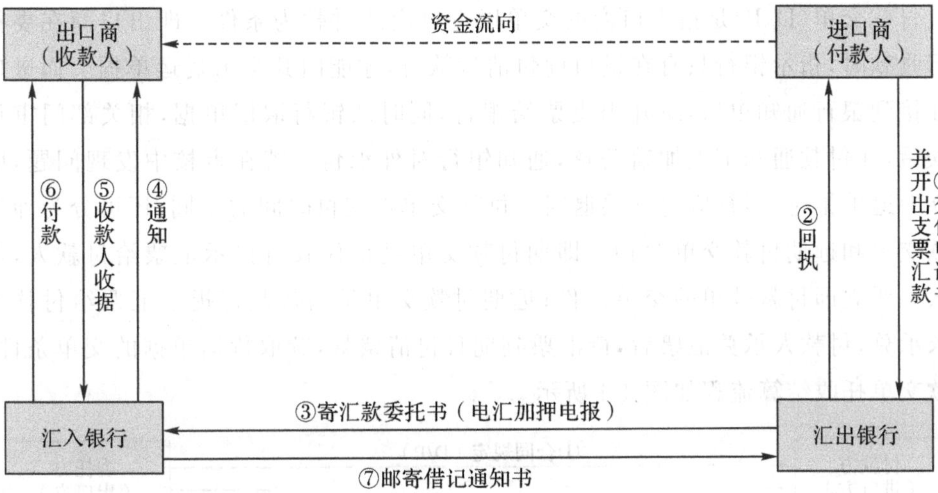

图 4-2　信汇和电汇结算流程

当票汇退汇时，汇款人应提交书面申请书，并交回原汇票（应背书），经汇出行核对无误后，在汇票上加盖“注销”戳记，才能办理退汇手续。退交的汇票作为退汇传票附件，并通知汇入行注销寄回票据。

在国际贸易实务中，进出口商的佣金、回扣、寄售货款、小型样品与样机、展品出售和索赔等款项的支付，常常采取票汇方式。票汇结算流程如图 4-3 所示。

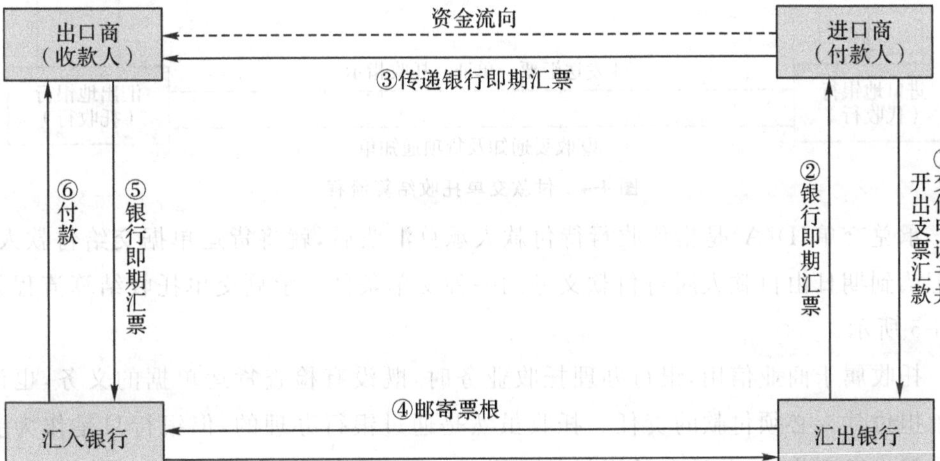

图 4-3　票汇结算流程

（三）托收

托收（collection）是指在进出口贸易中，出口方开具以进口方为付款人的汇票，委托出口方银行通过其在进口方的分行或代理行向进口方收取货款的一种结算方式。它包括付款交单（documents against payment，D/P）与承兑交单（documents against acceptance，D/A）。

视频：托收

付款交单(D/P)是指出口商的交单以进口商的付款为条件。即出口商在委托银行收款时,指示银行只有在进口商付清货款时,才能向其交出货运单据。而进口商在接到银行通知单后,应开出支票给银行,同时从银行取回单据,相关部门审核无误后,在付款通知书上加盖公章,通知银行对外承付。若在审核中发现问题,则应立即退单拒付,银行应将支票退回。付款交单按支付时间的不同,还可分为即期付款交单和远期付款交单两种。即期付款交单是指代收行提示汇票给付款人,付款人见票立即付款赎单的交单条件;远期付款交单是指代收行提示汇票给付款人要求承兑,付款人承兑汇票后,待汇票到期日付清票款,赎取货运单据的交单条件。付款交单托收结算流程如图 4-4 所示。

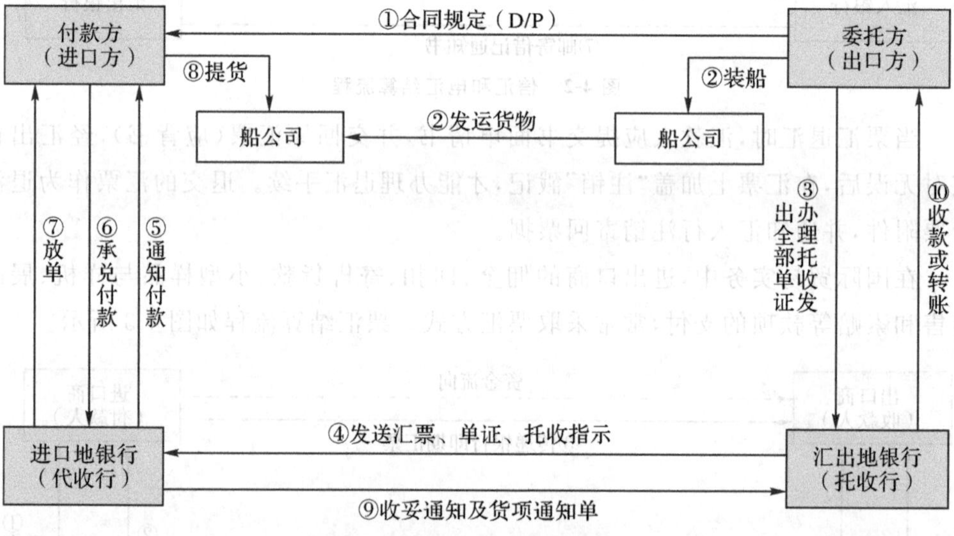

图 4-4　付款交单托收结算流程

承兑交单(D/A)是指代收行待付款人承兑汇票后,就将货运单据交给付款人,于汇票到期日由付款人履行付款义务的一种交单条件。承兑交单托收结算流程如图 4-5 所示。

托收属于商业信用,银行办理托收业务时,既没有检查货运单据的义务,也没有承担付款人必须付款的责任。托收虽然是通过银行办理的,但银行只是作为受托人替出口方收款,并没有承担付款的责任,进口方付不付款与银行无关。因此,出口方向进口方收取货款靠的仍是进口方的商业信用。

托收对进口方比较有利,可以免去开证的手续以及预付押金,还有可以预借货物的便利。当然托收对进口方来说,也不是一点风险都没有,如进口方付款后才取得货运单据并领取货物,如果发现货物与合同规定不符,或者是假货,就会因此而蒙受损失。但总的来说,托收对进口方是比较有利的。

此外,随着互联网和电子商务的蓬勃发展,国际贸易中也出现了一些新的结算方式,如 PayPal、阿里巴巴信保订单、西联汇款等。

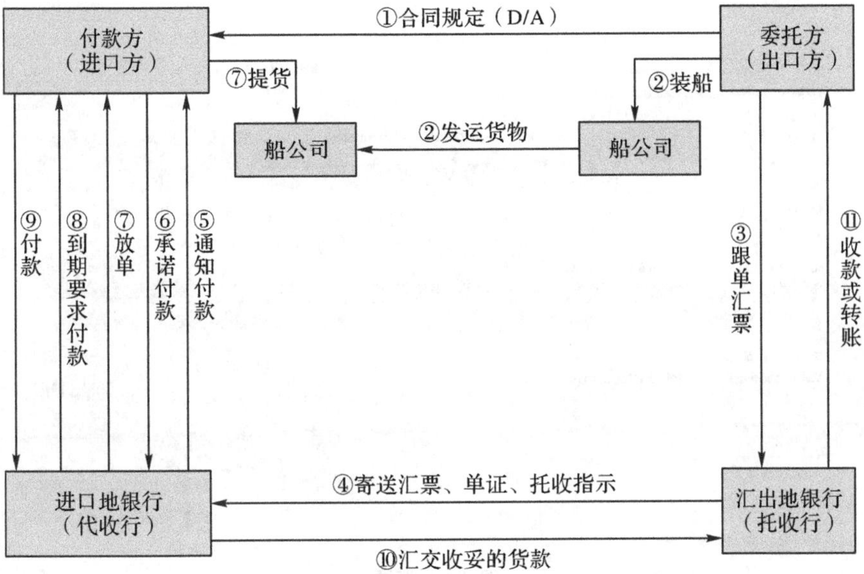

图 4-5　承兑交单托收结算流程

三、国际贸易结算支付工具

国际贸易结算使用的支付工具主要是票据。票据是出票人签发的无条件约定自己或要求他人支付一定金额，经背书可以转让的书面支付凭证。票据一般包括汇票、本票和支票。

（一）汇票

汇票（money order）是最常见的票据类型之一。按照《中华人民共和国票据法》第十九条规定：“汇票是出票人签发的，委托付款人在见票时或者在指定日期无条件支付确定的金额给收款人或者持票人的票据。”汇票是国际结算中使用最广泛的一种信用工具。它是一种委付证券，基本的法律关系至少有三方：出票人、受票人和收款人。

视频：汇票

2017 年 12 月 1 日，《公共服务领域英文译写规范》正式实施，汇票的标准英文为 money order，但一般金融票据都使用 bill of exchange 来表示。汇票具体格式和内容如图 4-6 所示。

（二）本票

本票（promissory note）是指出票人自己于到期日无条件支付一定金额给收款人的票据。这种票据只涉及出票人和收款人两方。出票人签发本票并自负付款义务。本票一般应载明：“本票”字样、无条件支付承诺、收款人或其指定人（无收款人名字则以持票人为收款

视频：本票

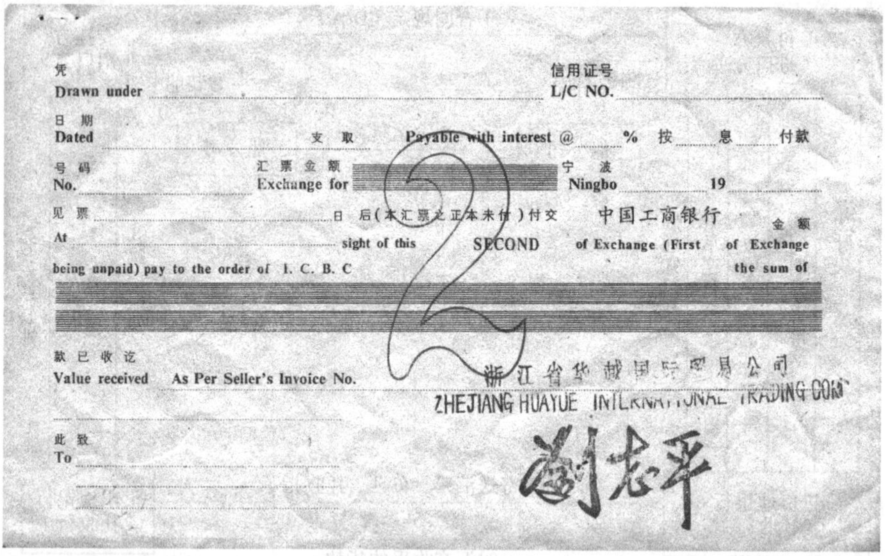
凭 Drawn under 信用证号 L/C NO.

日期 Dated 支取 Payable with interest @ % 按 息 付款

号码 No. 汇票金额 Exchange for [redacted] 宁波 Ningbo 19

见票 日后(本汇票之正本未付)付交 中国工商银行 金额

At sight of this SECOND of Exchange (First of Exchange being unpaid) pay to the order of I. C. B. C the sum of

[redacted]

款已收讫 Value received As Per Seller's Invoice No.

浙江省华越国际贸易公司

ZHEJIANG HUAYUE INTERNATIONAL TRADING COM

此致 To

图 4-6　汇票

人)、支付金额、签发日期和地点、付款日期和地点、出票人签名，等等。

按票面是否载明受款人姓名，本票可分为记名本票和不记名本票。按票面有无到期日期，本票可分为定期本票和即期本票。本票无需承兑，出票人出票后即负付款责任。银行本票具体格式与内容如图 4-7 所示。

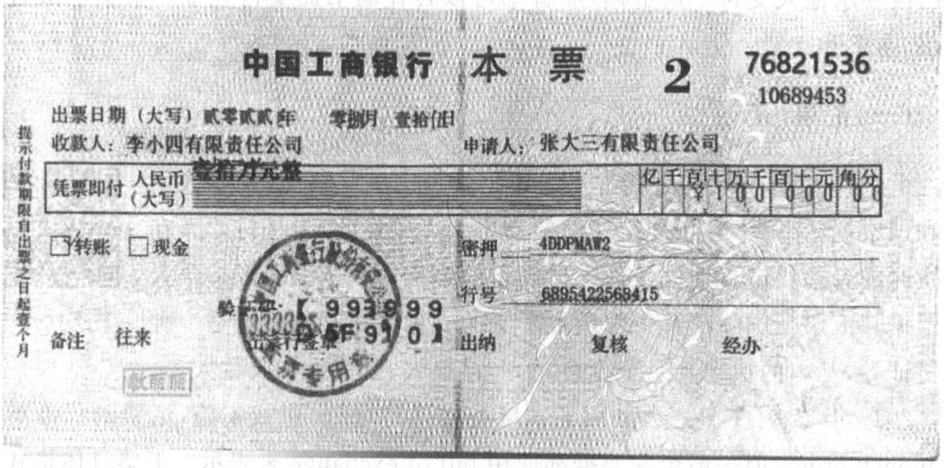
中国工商银行 本票 2 76821536 10689453

提示付款期限自出票之日起壹个月

出票日期（大写）贰零贰贰年 零捌月 壹拾伍日

收款人：李小四有限责任公司 申请人：张大三有限责任公司

凭票即付 人民币（大写） 壹拾万元整 [redacted]

亿	千	百	十	万	千	百	十	元	角	分
		¥	1	0	0	0	0	0	0	0

转账 现金

密押 4DDPMAW2

行号 6895422568415

备注 往来

出纳 复核 经办

图 4-7　银行本票

(三)支票

支票(cheque)是出票人签发的，委托办理支票存款业务的银行或者其他金融机构在见票时，无条件支付确定的金额给收款人或者持票人的票据。同样，汇票的有关规定也适用于支票，因此，我们只针对支票不同于汇票的特殊规定做介绍。

支票的特征主要表现在：其一，支票是委付证券，但支票的付款人比较特殊，必须是有支票存款业务资格的银行或非银行金融机构。其二,我国的支票只有即期支票,且无承兑制度。支票基本格式与内容如图 4-8 所示。

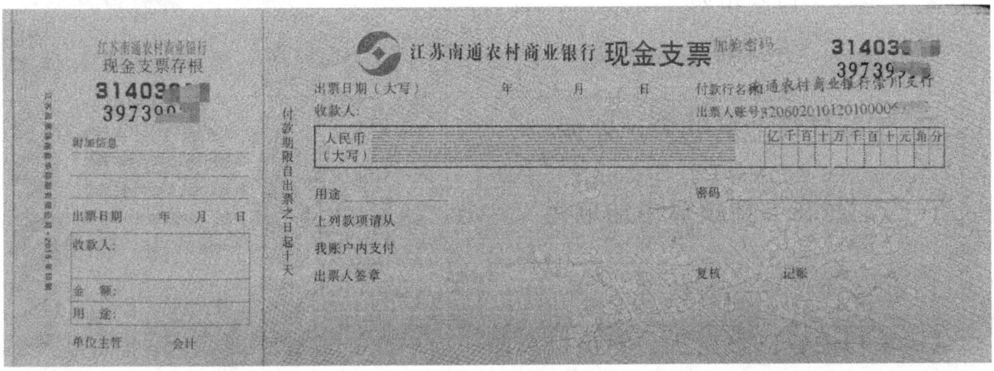

图 4-8　支票

此外,国际结算支付工具除了上述票据之外,还包括其他一些货币资金,如信用证保证金、信用卡存款、外埠存款等。

任务二　国际贸易结算业务设置的主要账户及会计处理

一、其他货币资金核算业务主要账户

外贸企业国际贸易结算涉及的主要账户中的"银行存款""管理费用""应收账款""应付账款""主营业务收入"和"在途物资"等账户请参阅基础会计相关书籍,在此不做介绍,现就"其他货币资金"账户进行介绍。

为了反映和监督其他货币资金的收支和结存情况,企业应当设置"其他货币资金"科目。本科目应按照外埠存款的开户银行、银行汇票或本票、信用证的收款单位,分别对"外币存款""银行汇票""银行本票""信用证保证金""存出投资款"等进行明细核算。

二、其他货币资金核算业务主要账户结构和对应账户

"其他货币资金"账户,属于资产类账户,借方登记其他货币资金的增加数,贷方登记其他货币资金的减少数,期末余额在借方,反映企业实际持有的其他货币资金数额。

(1)增加其他货币资金业务,会计分录为:

借:其他货币资金

　　贷:银行存款

(2)支用其他货币资金业务,会计分录为:

借:库存商品

应交税费

贷:其他货币资金

三、国际结算业务的会计处理

(一)汇付在会计核算中的应用

1.出口预收货款的核算

【例 4-1】 嘉兴市澳杰公司出口商品一批,总价 50 000 美元,该批商品成本 200 000 元人民币。根据合同约定,美国 A 公司采取预付货款的方式,现预付款已收到并存入银行。当日市场汇率为 1 美元=7.10 元人民币。根据电汇或信汇的汇款通知书(由付款行开出)和电汇或信汇的外汇结汇证明(结汇水单或收款通知),该公司在进行会计处理时,编制如下会计分录。

(1)收到美国 A 公司的预付款时:

借:银行存款——美元户 (US＄50 000×7.10)355 000

贷:预收账款——预收外汇账款 (US＄50 000×7.10)355 000

(2)将商品发运给美国 A 公司时:

借:预收账款——预收外汇账款 355 000

贷:主营业务收入——自营出口销售收入 355 000

(3)结转出口商品成本:

借:主营业务成本——自营出口销售成本 200 000

贷:库存商品 200 000

2.进口预付货款的核算

【例 4-2】 嘉兴市澳杰公司向美国 B 公司进口电器商品一批,货款总计 40 000 美元。根据合同约定,美国 B 公司采用预先汇付的方式付款。现货款已汇出,当日市场汇率为 1 美元=7.10 元人民币。汇兑损益采用集中结转法,下同。该公司根据电汇或信汇申请书的四联单和相关单据,编制如下会计分录。

(1)预付货款时:

借:预付账款——预付外汇账款 (US＄40 000×7.10)284 000

贷:银行存款——美元户 (US＄40 000×7.10)284 000

(2)收到进口商品时:

借:库存商品——库存进口商品 284 000

贷:预付账款——预付外汇账款 284 000

【例 4-3】 沿用**【例 4-2】**资料，只将预付货款改为货到付款，其他条件不变。该公司根据出口商寄来的商品提单和发票等单据，编制如下会计分录。

(1)收到单证时：

借：商品采购——进口商品采购　　(US＄40 000×7.10)284 000

　　贷：应付账款——应付外汇账款　　(US＄40 000×7.10)284 000

(2)商品验收入库时：

借：库存商品——进口库存商品　　284 000

　　贷：商品采购——进口商品采购　　284 000

(3)汇付货款时(当日市场汇率为 1 美元＝7.09 元人民币)：

借：应付账款——应付外汇账款　　(US＄40 000×7.09)283 600

　　贷：银行存款——美元户　　(US＄40 000×7.09)283 600

(二)托收在会计核算中的应用

1.进口商的核算

【例 4-4】 嘉兴市澳杰公司从美国 C 公司进口家用电器一批，货款总计 30 000 美元，合同约定采用托收的方式付款。当嘉兴市澳杰公司收到银行传来的跟单托收付款交单凭证及全套货运单据时，审核相符予以支付。当日市场汇率为 1 美元＝7.10 元人民币。该公司在进行会计处理时，编制如下会计分录。

借：商品采购——进口商品采购　　(US＄30 000×7.10)213 000

　　贷：银行存款——美元户　　(US＄30 000×7.10)213 000

2.出口商的核算

【例 4-5】 嘉兴市澳杰公司向美国 D 公司出口商品一批，货款总计35 000美元，按合同约定先发货，后托收。现商品已装运上船，并向银行办妥跟单托收手续。当日市场汇率为 1 美元＝7.09 人民币。该公司在进行会计处理时，编制如下会计分录。

(1)确认出口销售收入时：

借：应收账款——应收外汇账款　　(US＄35 000×7.10)248 500

　　贷：主营业务收入——自营出口销售收入　　(US＄35 000×7.10)248 500

(2)收到外汇存入银行时(当日市场汇率为 1 美元＝7.09 元人民币)：

借：银行存款——美元户　　(US＄35 000×7.09)248 150

　　贷：应收账款——应收外汇账款　　(US＄35 000×7.09)248 150

(三)信用证在会计核算中的应用

1.进口商的核算

【例 4-6】 嘉兴市澳杰公司从美国 E 公司进口商品一批，货款总计 80 000 美元，按合同约定采用信用证方式付款。该公司向银行开立信用证80 000美元，以银行存款支付开证手续费 1 000 元。当日市场汇率为 1 美元＝7.10 元人民币。该公司在进行会计处理时，编制如下会计分录。

(1)开立信用证时：

借：其他货币资金——信用证存款　(US＄80 000×7.10)568 000

　贷：银行存款——美元户　(US＄80 000×7.10)568 000

(2)以银行存款支付手续费时：

借：财务费用——手续费　1 000

　贷：银行存款　1 000

(3)收到商品时(当日市场汇率为 1 美元＝7.09 元人民币)：

借：商品采购——进口商品采购　(US＄80 000×7.09)567 200

　贷：其他货币资金——信用证存款　(US＄80 000×7.09)567 200

2.出口商的核算

【例 4-7】 嘉兴市澳杰公司向美国 F 公司出口商品一批，货款总计60 000美元，按合同约定采用信用证方式结算。该公司在商品发运后，连同全套单证送交银行办妥议付手续，当日市场汇率为 1 美元＝7.10 元人民币。该公司在进行会计处理时，编制如下会计分录。

(1)确认销售收入时：

借：应收账款——应收外汇账款　(US＄60 000×7.10)426 000

　贷：主营业务收入——自营出口销售收入　(US＄60 000×7.10)426 000

(2)支付议付手续费时(假定手续费为 1 000 元人民币)：

借：财务费用——手续费　1 000

　贷：银行存款　1 000

(3)收到外汇时(当日市场汇率为 1 美元＝7.09 元人民币)：

借：银行存款——美元户　(US＄60 000×7.09)425 400

　贷：应收账款——应收外汇账款　(US＄60 000×7.09)425 400

课程思政案例

项目四 案例

项目四　实验实训

一、实验资料

(1)2021 年 9 月 15 日，嘉兴市澳杰公司出口五金配件一批，总价 80 000 美元，该批五金配件成本 400 000 元人民币。根据合同约定，美国 A 公司采取预付货款的方式，现预付款已收到并存入银行，当日市场汇率为 1 美元＝6.10 元人民币。根据电汇或信汇的汇款通知书(付款行开出)和电汇或信汇的外汇结汇证明(结汇水单或收款通知)，请分别编制收到美国 A 公司预付款时、商品发运给美国 A 公司后、结转出口商品成本时的会计分录。

(2)2021 年 9 月 16 日，嘉兴市澳杰公司向美国 B 公司进口高清电视一批，货款总计 500 000 美元。根据合同约定，美国 B 公司采用预先汇付的方式。现货款已汇出，当日市场汇率为 1 美元＝6.10 元人民币。汇兑损益采用集中结转法。请根据电汇或信汇申请书的四联单和相关单据，编制预付货款时及收到进口商品时的会计分录。

(3)2021 年 9 月 17 日，嘉兴市澳杰公司从美国 C 公司进口家用电器一批，货款总计 700 000 美元，合同约定采用托收的方式付款。当嘉兴市澳杰公司收到银行传来的跟单托收付款交单凭证及全套货运单据，审核相符时予以支付，当日市场汇率为 1 美元＝6.10 元人民币。请根据资料编制商品采购时的会计分录。

(4)2021 年 9 月 18 日，嘉兴市澳杰公司向美国 D 公司出口羊绒衫一批，货款总计 35 000 美元。合同约定先发货，后托收。现商品已装运上船，并向银行办妥跟单托收手续。当日市场汇率为 1 美元＝6.09 人民币。请根据资料编制确认出口销售收入和收到外汇时的会计分录。

(5)2021 年 9 月 19 日，嘉兴市澳杰公司从美国 E 公司进口大豆一批，货款总计 40 000 美元，合同约定采用信用证方式付款。该公司向银行开立信用证 40 000 美元，以银行存款支付开证手续费 600 元。当日市场汇率为 1 美元＝6.10 元人民币。

汇兑损益采用集中结转法。请编制开立信用证、支付银行手续费和收到进口商品时的会计分录。

(6)2021 年 9 月 20 日，嘉兴市澳杰公司向美国 F 公司出口箱包一批，货款总计 60 000 美元，合同约定采用信用证方式结算。该公司在商品发运后，连同全套单证送交银行办妥议付手续，当日市场汇率为 1 美元＝6.10 元人民币，汇兑损益采用集中结转法。请编制确认销售收入、支付议付手续费和收到外汇时的会计分录。

二、实验要求

根据所给资料，按照业务步骤编制会计分录。

项目练习

项目四　练习

项目五　出口商品经营业务的核算

主要内容导读

本项目主要设置了三个学习情境：出口商品购进业务、自营出口销售业务及代理出口销售业务的核算。学习情境一具体学习任务包括出口商品购进业务的内容、方式和程序，账户的设置及出口商品购进业务的会计处理；学习情境二具体学习任务包括自营出口业务的内容和要求、账户的设置及具体经济业务的核算；学习情境三具体学习任务包括代理出口销售业务的内容和要求及具体经济业务的核算。

职业能力要求

了解出口商品经营的范畴和主要内容；

掌握出口商品经营的相关程序和要求；

熟悉出口商品业务核算的账户结构和对应账户；

掌握出口商品业务会计分录的编制和相应处理。

课程思政

受疫情的影响和冲击，全球经济陷入了低迷和不振，外贸出口面临极大的考验，承受极重的负担；进口也面临很大的安全压力，为稳定经济增长，需要依靠内需拉动，让消费对经济增长起到更大作用，有效弥补出口留下的缺口。作为当代大学生，在厉行勤俭节约的同时，要支持国货，为拉动内需，稳定我国经济贡献自己的力量。

情境引例

嘉兴市澳杰公司有自营进出口权，现根据合同对美国A公司出口一批甲商品，共计5 000打，成本单价为每打40元，合计人民币200 000元(不含增值税)。公司业务部门根据出口合同或信用证规定开出商品出库凭证，并连同外销发票、装箱单及其他出口单证，通过储运部门交付对外运输公司办理托运，财务部门按出库凭证进行会计处理时，编制如下会计分录。

(1)商品出库时，根据商品出库单编制会计分录。

（2）出口交单时，财务部门收到有关部门已向银行交单的发票副本，并与上述出库单核对无误后，根据发票所列，对美国A公司出口甲商品CIF纽约40 000美元，佣金为明佣，佣金率为4%，扣除4%的出口佣金，销售净额为38 400美元。当日市场汇率为1美元=6.64元人民币。

（3）结转销售成本时，外销发票上所列产品的品名、规格、数量等内容，与发出的待运商品单核对完全相符。

（4）收到货款时，银行收到出口企业全套出口单证，审核无误后，即按不同结算方式向国外银行办理结算手续。当银行在收妥外汇后开具结汇水单将人民币转入该公司账户。当日美元银行买入价为1美元=6.50元人民币，该公司按逐笔结转法进行会计处理。

（5）从美元户支付国外运费500美元，当日即期汇率为1美元=6.62元人民币。

（6）从美元户支付国外保险费200美元，当日即期汇率为1美元=6.62元人民币。

项目任务

（1）根据情境引例中的业务，计算出库商品的实际成本、出口商品的销售收入、出口商品的国外运费、国外保险费、国外佣金等。

（2）根据具体数额编制相关的会计分录，并思考若在暗佣汇付或暗佣议付的情况下出口交单和收汇的会计分录又该如何编制。

PPT课件

学习情境一　出口商品购进业务的核算

任务一　出口商品购进业务的概述

一、出口商品购进业务的内容

出口商品购进业务（business of purchasing exports）是指外贸企业根据国际市场的相关信息，为了出口、内销或加工后出口，而取得国产商品所有权的交易行为。为出口而购进的商品从内容上说，主要有工业产品和农业产品两类。如果从产业上说，就是第一产业和第二产业提供的商品。因此，购进的商品既有家用电器、日用百货，也有粮食、肉食、水果和蔬菜等。只要国际上有需求，国内有货源的商品均属于出口购进的范畴。

二、出口商品购进的方式和交接方式

(一)出口商品购进的方式

出口商品的购进按照收购方式的不同,可分为直接购进和间接收购两种。

1. 直接购进

直接购进是指外贸企业直接向工矿企业、农场及有关单位直接签订购销合同或协议收购出口产品。它适用于收购大宗工矿产品、农副产品和土特产品。

2. 间接收购

间接收购又称为委托代购,是指外贸企业以支付手续费的形式委托商业、粮食和供销社收购出口产品。它适用于收购货源零星分散的农副产品和土特产品。

(二)出口商品购进的交接方式

出口商品购进要用合同或协议约定交接的方式,以便明确责任,缩短购进的时间,确保购进商品的质量。出口商品购进的交接方式通常有送货制、提货制、发货制和厂商就地保管制四种。

1. 送货制

送货制是由供货单位将商品直接送到收购单位仓库或指定地交货,由外贸企业验收入库的一种方式。它是本地直接收购所采取的主要方式。

2. 提货制

提货制又称为取货制,是指外贸企业指派专人到供货单位指定的仓库或其他地点提取并验收商品的一种方式。这种方式主要适用于本地采购出口商品。

3. 发货制

发货制是指供货单位根据购销合同规定的条件,将商品委托运输单位由铁路或公路、水路运送到外贸企业所在地或其指定地区,如车站、码头等,由外贸企业领取并验收入库的一种方式。该方式主要适用于异地采购。

4. 厂商就地保管制

厂商就地保管制是指外贸企业委托供货厂商代为保管商品,到时凭保管凭证办理商品交接的一种方式。这种交接方式在本地采购和异地采购中均适用。

三、出口商品购进的程序

(一)按计划签订购销合同

外贸企业出口商品的多少,与国际市场的供求信息、价格趋势、汇率变化以及企业实力紧密相连。企业的出口计划就是建立在此基础上的。为了确定企业的经营目标,就必须与供货单位签订购销合同,落实采购计划,确保稳定和充足的货源。购销合同的内容可多可少,但不论内容多少都必须包含所购商品的名称、数量、规格、等级、价格、交货日期、方式、地点、结算方式、违约责任、索赔金额等,以明确购销双方的权利和义务。

(二)按合同验收出口商品质量

为了确保出口商品质量,必须严把验收入库这道关。验收时,外贸企业按照购销合同的约定,区分不同情况进行相应的处理:对于一般的出口商品,由企业自行检查验收;对于规格特殊、技术复杂、企业又无条件进行鉴定验收的商品,可由商品生产单位出具检验证明书,并对商品质量负责;对于某些国家规定由商品检验部门进行检验的商品,应取得商品检验部门的检验合格证明书,企业只检验数量和规格即可。

(三)按约定及时结算收购货款

外贸企业应按合同约定的结算方式,信守承诺,在收购商品验收入库后,及时进行货款结算,规范会计核算,提高管理水平。商品的货款结算,应遵循起运托收、单货同行、钱货两清的原则,不得相互拖欠,特别是恶意拖欠贷款。当然,对于质量或规格等不符合约定的,可以拒付,但要按相关规定办理;对于退补价的商品应及时沟通完善手续,按价退补;对于购进商品发生长余或短缺的应根据实际情况,多发的及时退回或按购进处理,短缺的及时补足或追回相应货款。

知识卡片:收购和调拨

外贸企业组织出口货源的传统方式有收购和调拨两种方式。收购是指外贸企业从外贸系统以外的工业、农业、商业等单位或个体户及个人购进商品。调拨是指外贸企业之间的出口商品购销结算业务,主要是内地无出口权的外贸企业,收购的出口商品通过有计划的调拨,集中到口岸外贸企业出口。在我国以往的外贸体制中,收购和调拨业务有着明显的区别,但随着我国经济体制和外贸经营机制改革的深入，外贸系统内部行政控制性的调拨业务已不能适应新形势发展的要求。因此，调拨业务的数量越来越少，内容与形式也越来越趋向收购业务。外贸企业合理有效地组织出口商品购进业务，对完成出口创汇计划、扩大出口规模、加速资金周转、降低出口成本、提高经济效益等，有着重要的意义。

任务二　出口购进业务应设置的主要账户及账户结构

一、出口购进应设置的主要账户

外贸企业出口购进业务会计核算需要设置的主要账户有："应交税费——应交增值税""应付票据""应付账款""预付账款""其他货币资金""销售费用""待摊费用""主营业务成本"和"待处理财产损溢"等。

二、出口购进核算主要账户和对应账户

出口购进业务核算主要账户，除"待摊费用"和"待处理财产损溢"外，均在之前项目中做了讲解，故在此不再赘述。以下仅对"待摊费用"和"待处理财产损溢"两个账户进行讲解。

(一)"待摊费用"账户

该账户是一个资产类账户，用来核算企业已经支付、应由受益期平均分摊的跨期摊配费用。该账户若有期初余额，则期初余额在借方。本期发生的增加额登记在借方。本期的摊销额(减少额)登记在贷方。期末余额在借方，反映企业已经发生，但尚未摊销完的跨期摊配费用的实际数额。

(1)支付共同运费，会计分录为：

借：待摊费用

　　贷：银行存款

(2)分配共同运费，会计分录为：

借：库存商品——甲

　　　　　　——乙

　　贷：待摊费用

(二)“待处理财产损溢”账户

该账户是一个资产类账户(因借贷方向不同,所以它实际上具有资产类和负债类账户的双重性质),用来核算企业在财产清查过程中,查明的各种财产的盘盈、盘亏和毁损,以及货物在运输途中发生的非正常短缺与损耗的价值。企业的财产损益应查明原因,在期末结账前处理完毕,处理后本科目应无余额。因此,该账户期初无余额。盘盈时登记在贷方,批准转销时登记在借方;盘亏时登记在借方,批准转销时登记在贷方。该账户期末也无余额。

(1)入库短缺商品业务,会计分录为:

借:待处理财产损溢

　　贷:物资采购

(2)少发补足短缺商品业务,会计分录为:

借:库存商品

　　贷:待处理财产损溢

任务三　出口购进商品主要经济业务的会计处理

一、出口购进商品常见业务的会计处理

(一)结算凭证和商品同时到达的会计处理

【例 5-1】 嘉兴市澳杰公司从本地购进出口服装一批,采用提货制交接商品。增值税专用发票上注明男衬衫 800 件,单价 60 元,共计 48 000 元。增值税税率 13%,增值税税额 6 240 元,价税合计 54 240 元。男衬衫验收入库,款项以转账支票支付。该公司在进行会计处理时,编制如下会计分录。

借:库存商品——库存出口商品	48 000	
应交税费——应交增值税(进项税额)	6 240	
贷:银行存款		54 240

(二)结算凭证先到商品后到的会计处理

【例 5-2】 嘉兴市澳杰公司从外地购进出口服装一批,采用发货制交接商品。增值税专用发票上注明男衬衫 1 000 件,单价 70 元,共计 70 000 元。增值税税率 13%,增值税税额 9 100 元,价税合计 79 100 元。另外,供货方代垫运杂费 1 000 元。合同约定验单付款,结算凭证已收到,商品尚未到达。款项以银行存款支付。该公司在进行会计处理时,编制如下会计分录。

(1)验单付款时:

借:物资采购——出口商品采购　　71 000

　应交税费——应交增值税(进项税额)　　9 100

　贷:银行存款　　80 100

(2)验收入库时:

借:库存商品——出口库存商品　　71 000

　贷:物资采购——出口商品采购　　71 000

(三)商品先到结算凭证后到的会计处理

对于这类业务,月中不记账,月末暂估入账,下月初以红字冲回,待结算凭证到达后,按结算凭证和商品同时到达进行会计处理。

【例 5-3】 嘉兴市澳杰公司从外地购进出口运动服一批,采用发货制交接商品。合同约定验单付款,现商品已验收入库,结算凭证月末尚未收到,按 58 000 元暂估入账。该公司在进行会计处理时,编制如下会计分录。

(1)月末暂估入账时:

借:库存商品——库存出口商品　　58 000

　贷:应付账款——暂估应付账款　　58 000

(2)下月初以红字冲回时:

借:库存商品——库存出口商品　　[58 000]

　贷:应付账款——暂估应付账款　　[58 000]

(3)收到结算凭证,增值税专用发票上注明运动服 600 件,单价 100 元,共计 60 000元。增值税税率 13%,增值税税额 7 800 元,价税合计 67 800 元,款项以银行存款支付。该公司在进行会计处理时,编制如下会计分录。

借:库存商品——库存出口商品　　60 000

　应交税费——应交增值税(进项税额)　　7 800

　贷:银行存款　　67 800

(四)共同运费的会计处理

【例 5-4】 嘉兴市澳杰公司购进出口商品共计花费 50 000 元,其中,甲商品 2 000 千克,单价 15 元;乙商品 1 000 千克,单价 20 元。进货运杂费 600 元,增值税税率 13%,增值税税额 6 500 元,款项以银行存款支付。该公司在进行会计处理时,编制如下会计分录。

(1)支付款项时:

借:物资采购——出口物资采购——甲商品　　30 000

　　　　　　　　　　　　——乙商品　　20 000

应交税费——应交增值税(进项税额)　　6 500
待摊费用　　600
贷:银行存款　　57 100

(2)分配运杂费时:

$$分配率=\frac{600}{2\ 000+1\ 000}=0.2(元/千克)$$

甲商品应分摊的运杂费=2 000×0.2=400(元)

乙商品应分摊的运杂费=1 000×0.2=200(元)

分摊运杂费的会计分录为:

借:物资采购——出口物资采购——甲商品　　400
——乙商品　　200
贷:待摊费用　　600

(3)商品验收入库时:

借:库存商品——库存出口商品——甲商品　　30 400
——乙商品　　20 200
贷:物资采购——出口物资采购——甲商品　　30 400
——乙商品　　20 200

二、出口购进商品其他业务会计处理

(一)购进商品长余的会计处理

【例 5-5】 嘉兴市澳杰公司从外地购进出口服装一批,采用发货制交接商品。增值税专用发票上注明男衬衫 1 000 件,单价 70 元,共计 70 000 元。增值税税率13%,增值税税额 9 100 元,价税合计 79 100 元。合同约定验单付款,结算凭证已收到,商品尚未到达。款项以银行存款支付。该公司在进行会计处理时,编制如下会计分录。

(1)验单付款时:

借:物资采购——出口物资采购　　70 000
应交税费——应交增值税(进项税额)　　9 100
贷:银行存款　　79 100

(2)验收入库时多出 10 件男衬衫,多计 700 元(70×10),此时入库的会计分录为:

借:库存商品——库存出口商品　　70 700
贷:物资采购——出口物资采购　　70 000
待处理财产损溢——待处理流动资产损溢　　700

(3)若将多余的10件男衬衫退还供货单位,则会计分录为:

借:待处理财产损溢——待处理流动资产损溢　　700

　贷:库存商品——库存出口商品　　700

(4)若将多余的10件男衬衫做购进处理,则会计分录为:

借:待处理财产损溢——待处理流动资产损溢　　700

　应交税费——应交增值税(进项税额)　　91

　贷:应付账款/银行存款　　791

(二)购进商品短缺的会计处理

【例5-6】 沿用**【例5-5】**的资料,该公司在进行会计处理时,编制如下会计分录。

(1)验单付款时:

借:物资采购——出口物资采购　　70 000

　应交税费——应交增值税(进项税额)　　9 100

　贷:银行存款　　79 100

(2)验收入库时若发现短缺21件男衬衫,金额1 470元(70×21),则入库的会计分录为:

借:库存商品——库存出口商品　　68 530

　待处理财产损溢——待处理流动资产损溢　　1 470

　贷:物资采购——进口物资采购　　70 000

(3)若短缺的21件男衬衫,有20件为供应单位少发,1件为经办人遗失,则会计分录为:

借:应收账款——供货单位　　1 400

　其他应收款——经办人　　70

　贷:待处理财产损溢——待处理流动资产损溢　　1 470

(4)若供货单位送来20件衬衫,经办人找回1件衬衫,则会计分录为:

借:库存商品——库存出口商品　　1 470

　贷:应收账款——供货单位　　1 400

　　其他应收款——经办人　　70

(5)若供货单位退回1 400元存入银行,经办人赔偿现金70元,则会计分录为:

借:银行存款　　1 400

　库存现金　　70

　贷:应收账款——供货单位　　1 400

　　其他应收款——经办人　　70

知识卡片:购进商品其他业务会计处理

如果购进商品短缺属于运输途中定额范围内的合理损耗,则借记"销售费用——商品损耗";如果购进商品短缺是自然灾害造成的非常损失,则应将扣除保险公司赔偿后的净损失,借记"营业外支出——非常损失",而将应由保险公司赔偿的金额借记"其他应收款——保险赔偿款"。

(三)购进商品退价的会计处理

视频:购进商品退价处理

【例 5-7】 嘉兴市澳杰公司从本地购进出口服装一批,采用提货制交接商品。增值税专用发票上注明男衬衫 800 件,单价 60 元,共计 48 000 元。增值税税率 13%,增值税税额 6 240 元,价税合计 54 240 元。男衬衫验收入库,款项以转账支票支付。该公司在进行会计处理时,编制如下会计分录。

(1)支付商品款项时:

借:库存商品——库存出口商品　　48 000
　应交税费——应交增值税(进项税额)　　6 240
　贷:银行存款　　54 240

(2)若购销双方考虑多种因素磋商后,确定男衬衫的单价为每件 50 元。供应单位开来红字发票,并退回多付款 9 040 元存入银行,则此时该公司编制的会计分录为:

借:银行存款　　9 040
　贷:库存商品——库存出口商品　　8 000
　　应交税费——应交增值税(进项税额)　　1 040

(3)若承本例(2)9 040 元存入银行,但经确认有 500 件男衬衫已出口,并进行了相应的账务处理,则此时该公司编制的会计分录为:

借:银行存款　　9 040
　贷:库存商品——库存出口商品　　3 000
　　主营业务成本——自营出口销售成本　　5 000
　　应交税费——应交增值税(进项税额)　　1 040

(四)购进商品补价的会计处理

【例 5-8】 沿用**【例 5-7】**的资料,男衬衫的单价暂定为 60 元。该公司在进行会计处理时,编制如下会计分录。

(1)支付商品款项时：

借：库存商品——库存出口商品　　48 000
　　应交税费——应交增值税(进项税额)　　6 240
　　贷：银行存款　　54 240

视频：购进商品补价处理

(2)若购销双方考虑多种因素磋商后，确定衬衫的单价每件为65元。供应单位开来蓝字补价发票，该公司以银行存款补付货款4 520元，则此时该公司编制的会计分录为：

借：库存商品——库存出口商品　　4 000
　　应交税费——应交增值税(进项税额)　　520
　　贷：银行存款　　4 520

(3)若承本例(2)补付货款4 520元后，经确认有400件男衬衫已出口，并进行了相应的账务处理，则此时该公司编制的会计分录为：

借：库存商品——库存出口商品　　2 000
　　主营业务成本——自营出口销售成本　　2 000
　　应交税费——应交增值税(进项税额)　　520
　　贷：银行存款　　4 520

(五)购进商品拒付货款和拒收商品的会计处理

拒付货款和拒收商品虽然不是外贸企业经常发生的业务，但是在采用委托收款和托收承付结算方式下，在收到供货单位发来的商品时，如果发现商品不符合合同或协议规定的品种、规格、花色、质量、数量和价格时，则可以拒付货款和拒收商品。

外贸企业采购出口商品，在单到货未到的情况下，如果发现银行传来的托收凭证与合同约定不相符，则可以在承付期内填制拒付理由书，拒绝承付部分或全部货款。若拒付全部货款，则应将全套托收凭证和单据及拒付理由书，在承付期内退回银行，且不做账务处理。此后若拒付货款的商品到达时，则应单独保存，妥善保管，作为代管商品处理；若拒付部分货款，即只对不符合合同约定的商品拒付货款，在办理部分拒付手续的同时，应办理部分承付的手续。待商品运抵企业后对于承付部分的商品验收入库，而对于拒付货款对应的商品作为代管商品处理。可见，外贸企业接受的商品是符合合同约定，同意承付货款的商品；而拒收的商品则是不符合合同约定，拒付货款的商品，也就是代管商品。

【例5-9】　嘉兴市澳杰公司从甲公司购进黑木耳2 000千克，单价40元，增值税税率13%，增值税税额10 400元，验单付款，款项已通过银行存款支付。该公司在进行会计处理时，编制如下会计分录。

(1)验单付款时：

借：物资采购——出口物资采购　　80 000

　应交税费——应交增值税(进项税额)　　10 400

　贷：银行存款　　90 400

(2)商品到达后，经验收有 500 千克黑木耳不符合要求，退货并索回货款时，会计分录为：

借：应收账款——甲公司　　22 600

　贷：物资采购——出口物资采购　　20 000

　　应交税费——应交增值税(进项税额)　　2 600

(3)待甲公司退回款项，取回 500 千克不符合要求的黑木耳时，会计分录为：

借：银行存款　　22 600

　贷：应收账款——甲公司　　22 600

(4)1 500 千克黑木耳验收合格入库时，会计分录为：

借：库存商品——库存出口商品　　60 000

　贷：物资采购——出口物资采购　　60 000

(六)购进商品退回的会计处理

购进商品退回是指根据购销合同的约定，商品在验收入库后发现所购商品与合同不符，要求供货单位退回货款，取回已验收入库但与合同约定不符商品的业务。

【例 5-10】 沿用**【例 5-9】**的资料，验单付款时，该公司编制的会计分录如下。

(1)验单付款时：

借：物资采购——出口物资采购　　80 000

　应交税费——应交增值税(进项税额)　　10 400

　贷：银行存款　　90 400

(2)商品验收入库时：

借：库存商品——库存出口商品　　80 000

　贷：物资采购——出口物资采购　　80 000

(3)若销售时发现批号不符，联系供货单位后退回库存商品，则会计分录为：

借：应收账款——甲公司　　90 400

　贷：库存商品——库存出口商品　　80 000

　　应交税费——应交增值税(进项税额)　　10400

PPT课件

学习情境二　自营出口销售业务的核算

任务一　出口销售业务的内容和要求

一、自营出口销售的含义和流程

(一)出口商品销售与自营出口销售

视频:自营出口销售业务核算

出口商品销售是指外贸企业根据国际市场的需求和国家(地区)的相关规定,将采购的出口商品或代理其他企业将商品转让给境外客户并收取款项的交易行为。外贸出口对于稳定就业、保持经济平稳增长具有重要作用。出口商品销售可分为自营出口销售和代理出口销售、加工补偿出口销售等。本学习情境所阐述的是自营出口销售业务的内容。

自营出口销售是指企业自己经营的出口销售业务。所谓自营,有两个要求:①出口商品定价和与出口业务有关的一切境内外费用以及佣金支出、索赔、理赔等,均由出口企业负担,出口销售的盈亏也由出口企业自负;②由出口企业自行办理出口相关的报关、报检、出口退税等业务。

(二)自营出口销售业务的流程

1. 出口前的准备工作

视频:出口贸易

为了使出口贸易得以顺利进行,外贸企业应利用网络信息等,充分了解国际市场的需求情况、出口商品的自然情况以及相关的外贸政策、贸易惯例、运输条件等,以便规避风险、降低成本、提高效益。

2. 出口事宜的磋商

在依据既定的标准选定进口商后,外贸企业与进口商就要进行必要的接触和磋商。接触是为了进一步了解和沟通。磋商是指通过询盘、发盘、还盘和接受等环节,确定出口商品的品种、规格、性能、价格条件、交货日期和付款条件等。

3. 签订出口贸易合同

外贸企业在与进口通过商磋商达成一致意见后,按照惯例要签订贸易合同,以明确双方的权利、义务和违约责任等。贸易合同通常由出口商填制,经双方审核无误后签字生效。

4. 履行出口贸易合同

履行出口贸易合同，结束该项交易行为。在实际操作中要按以下步骤相继完成各项工作：①组织出口货源，办理相关手续和批件。②催证、审批及通知派船或租船。③办理托运手续，向海关申报出口。④交单收汇，即持全套出口单证交银行审批收汇。⑤索赔或理赔，本项工作不是每次出口都有，只有在双方中有一方出现违约时，才会进行。

二、自营出口销售核算的内容和要求

（一）自营出口销售核算的内容

自营出口销售核算的内容主要有：①自营出口销售收入的确认和收款。②自营出口销售成本的计算和结转。③自营出口佣金的确定和支付。④境外运费和保险费的预估和支付。⑤自营出口销售的索赔和理赔等。

（二）自营出口销售核算的要求

自营出口销售收入的确认，必须同时满足以下5个条件：①企业已将商品所有权的主要风险和报酬转移给购货方。风险主要是指商品因贬值、损坏、报废等而造成的损失。②企业既没有保留通常与所有权相联系的继续管理权，也没有对已售出商品实施控制。③与交易相关的经济利益能够流入企业。④相关的收入能够可靠计量。⑤相关的已发生或将发生的成本能够可靠地计量。

企业销售商品只有同时满足上述5个条件，才能确认收入；任何一个条件未满足，即使收到货款，也不能确认收入。上述5个条件在进出口贸易实务中，不论是海运、陆运、空运，还是邮寄出口，原则上均应以取得运单并向银行办理交单后作为出口销售收入的实现。但在一般情况下，出口企业已开具销售发票，并已将其与提货单等所有权凭证交给进口方，即意味着将商品所有权的风险和报酬转移给了进口方。

自营出口销售收入的计量应遵循以下原则：①在有合同协议约定的情况下，按合同协议金额确定。②在无合同协议约定的情况下，按购销双方都同意或都能接受的价格确定。③不考虑各种预计发生的现金折扣和销售折让。

根据以上原则，企业出口销售收入确认应按其成交价格来入账，但是在国际贸易中，实际成交价格按现行国际惯例有10多种价格条款，按照海关业务的国际惯例，出口业务的收入统计以FOB价格为准。

知识卡片:销售收入的确认

为了使记账口径一致,正确地计量销售收入,不论出口成交是使用哪一种价格条款,出口商品销售收入的入账金额一律以 FOB 价格为基础。按 FOB 价格以外的价格条件成交的出口商品,其发生的境外运费、保险费及其佣金连同以外汇支付的银行手续费等费用支出,均应冲减商品出口销售收入。因此,凡是以 CIF 价格和 CFR 价格对外成交的出口商品,要将所支付的境外运费、保险费和佣金,以及用外汇支付的银行手续冲减出口销售收入。

任务二　自营出口销售业务应设置的主要账户、账户结构和对应账户

一、自营出口销售业务应设置的主要账户

自营出口销售业务的核算需要设置的主要账户有:“待运和发出商品”“应收账款——应收外汇账款”“主营业务收入——自营出口销售收入”“主营业务成本——自营出口销售成本”“财务费用——汇兑损益”“应付账款——应付外汇账款”“以前年度损益调整”“库存商品”“待处理财产损溢——待处理流动资产损溢”“营业外支出”和“其他应收款”等。

二、自营出口销售核算主要账户的结构和对应账户

(一)“待运和发出商品”账户

它是一个资产类账户,用来核算企业已经出库,并运往港口装船的出口商品的实际成本。该账户若有期初余额,则期初余额在借方。本期发生的增加额登记在借方,结转出口商品的成本时登记在贷方。期末若有余额则在借方,表示企业已经出库待运和发出商品的实际成本。

(1)发出待运商品,会计分录为:

　　借:待运和发出商品

　　　贷:库存商品

(2)结转出口商品成本,会计分录为:

　　借:主营业务成本

　　　贷:待运和发出商品

(二)“以前年度损益调整”账户

它是一个损益类账户，用来核算外贸企业出口销售确认后，预估和支付境外运费、保险费及佣金在跨年度的情况下，实际结算数与预估数之间的差额。该账户无期初余额。当实际支付的境外运费和保险费及佣金小于上年末的预估数时，登记在贷方，反之则登记在借方。该账户期末之所以无余额，是因为其余额不论在借方，还是在贷方，都要及时转入“利润分配——未分配利润”账户。只不过，该账户从借方或贷方转出时的操作有所不同，操作时若有借方余额，则从贷方转出；反之，则从借方转出，转出后无余额。

(1)实付大于预估数的差，会计分录为：

借：以前年度损益调整

　贷：银行存款

(2)实付小于预估数的差，会计分录为：

借：应付账款

　贷：以前年度损益调整

自营出口销售核算主要账户除“待运和发出商品”和“以前年度损益调整”账户外，其余各账户的结构和对应账户均在之前项目中进行了介绍，所不同的只是明细科目不一致，但在会计分录的举例中很容易理解和掌握，故在此不再赘述。

任务三　自营出口销售主要经济业务的会计处理

一、自营出口明佣的核算

视频：佣金

【例 5-11】 嘉兴市澳杰公司拥有自营进出口权，现对美国出口甲商品一批，共计 5 000 打，单价 35 元，合计人民币 175 000 元(不含增值税)。公司业务部门根据出口合同或信用证规定开出商品出库凭证，并连同外销发票、装箱单及其他出口单证，通过储运部门交付对外运输公司办理托运。财务部门对出库凭证进行会计处理时，编制如下会计分录。

(1)商品出库时：

借：待运和发出商品——甲商品　　175 000

　贷：库存商品——甲商品　　175 000

(2)出口交单时：

当出口商品已装船发运并取得已装船提单或货运单时，储运部门即根据信用证或出口合同约定，将全套出口单证向银行办理交单手续，同时将出口发票副本注明交单日期，送财务部门做销售处理。财务部门收到有关部门已向银行交单的发票副本，并与上述出库单核对无误后，根据发票所列对美国出口甲商品 CIF 纽约 36 000 美元，佣金为明佣，佣金率为 4%，扣除 4%的出口佣金，销售净额为34 560美元。当日美元汇率为 1 美元＝6.94 元人民币。该公司在进行会计处理时，编制如下会计分录。

借：应收账款——应收外汇账款　　(US＄34 560×6.94)239 846.40

　　主营业务收入——自营出口销售收入——佣金

　　　　(US＄1 440×6.94)9 993.60

　　贷：主营业务收入——自营出口销售收入——甲商品

　　　　(US＄36 000×6.94)249 840

(3)结转已销产品成本时：

外销发票上所列产品的品名、规格、数量等内容，与发出的待运商品单核对完全相符后，编制如下会计分录。

借：主营业务成本——自营出口销售成本——甲商品　　175 000

　　贷：待运和发出商品——甲商品　　175 000

(4)支付国外运费时：

嘉兴市澳杰公司收到外运公司开来的海运发票，支付出口甲商品的国外运费 900 美元。当日市场汇率 1 美元＝6.94 元人民币。该公司在进行会计处理时，编制如下会计分录。

借：主营业务收入——自营出口销售收入——甲商品

　　　　(US＄900×6.94)6 246

　　贷：银行存款——美元户　　(US＄900×6.94)6 246

(5)支付国外保险费时：

嘉兴市澳杰公司按甲商品发票金额 36 000 美元的 110%向保险公司投保，保费率为 2‰，保险费 79.20 美元。当日市场汇率1 美元＝6.94 元人民币。该公司在进行会计处理时，编制如下会计分录。

借：主营业务收入——自营出口销售收入——甲商品

　　　　(US＄79.2×6.94)549.65

　　贷：银行存款——美元户　　(US＄79.2×6.94)549.65

(6)收到货款时：

银行收到出口企业全套出口单证，经审核无误后，即按不同结算方式向国外银行办理结算手续。银行在收妥外汇后，开具结汇水单将人民币转入该公司账户。当日美元买入价为 1 美元＝6.87 元人民币。该公司在进行会计处理时，编制如下会计分录。

借:银行存款——人民币户　　(US＄34 560×6.87)237 427.20

　财务费用——汇兑损益　　2 419.20

　贷:应收账款——应收外汇账款　　(US＄34 560×6.94)239 846.40

外贸企业完成上述会计处理后,还应及时办理收汇核销手续,并将结汇水单的复印件按时间先后顺序装订成册,以便出口退税部门核查。此外,外贸企业还应对所有的外汇收支在备查账簿中做好登记工作,以便与结汇银行的台账记录相核对。

二、自营出口暗佣的核算

(一)暗佣汇付

【例 5-12】 沿用**【例 5-11】**的资料,假定佣金为暗佣,且采用汇付的形式支付,其他条件不变。该公司在进行会计处理时,编制如下会计分录。

(1)商品出库时:

借:待运和发出商品——甲商品　　175 000

　贷:库存商品——甲商品　　175 000

(2)出口交单时:

借:应收账款——应收外汇账款　　(US＄36 000×6.94)249 840

　主营业务收入——自营出口销售收入——佣金

　　(US＄1 440×6.94)9 993.60

　贷:主营业务收入——自营出口销售收入——甲商品

　　(US＄36 000×6.94)249 840

　　应付账款——应付外汇账款——佣金　　(US＄1 440×6.94)9 993.60

(3)结转销售成本时:

借:主营业务成本——自营出口销售成本——甲商品　　175 000

　贷:待运和发出商品——甲商品　　175 000

(4)收到货款时:

借:银行存款——人民币户　　(US＄36 000×6.87)247 320

　财务费用——汇兑损益　　2 520

　贷:应收账款——应收外汇账款　　(US＄36 000×6.94)249 840

(5)汇付佣金时(当日市场汇率为 1 美元＝6.91 元人民币):

借:应付账款——应付外汇账款——佣金　　(US＄1 440×6.94)9 993.60

　贷:银行存款——美元户　　(US＄1 440×6.91)9 950.40

　　财务费用——汇兑损益　　43.20

(二)暗佣议付

【例 5-13】 沿用**【例 5-11】**的资料，假定佣金仍为暗佣，且采用议付的形式支付，其他条件不变。该公司在进行会计处理时，编制如下会计分录。

(1)—(3)会计分录，同**【例 5-12】**。

(4)收到货款时：

借：银行存款——人民币户　　(US＄34 560×6.87)237 427.20

　应付账款——应付外汇账款——佣金

　　　　(US＄1 440×6.94)9 993.60

　财务费用——汇兑损益　　2 419.20

　贷：应收账款——应收外汇账款　　(US＄36 000×6.94)249 840

三、自营出口累计佣金的核算

【例 5-14】 假定嘉兴市澳杰公司某日确认的累计佣金为 500 美元，当日市场汇率为 1 美元＝6.94 元人民币。该公司在进行会计处理时，编制如下会计分录。

(1)确认累计佣金时：

借：销售费用——累计佣金　　(US＄500×6.94)3 470

　贷：应付账款——应付外汇账款　　(US＄500×6.94)3 470

(2)支付累计佣金时(当日市场汇率为 1 美元＝6.91 元人民币)：

借：应付账款——应付外汇账款　　(US＄500×6.94)3 470

　贷：银行存款——美元户　　(US＄500×6.91)3 455

　　财务费用——汇兑损益　　15

知识卡片：佣金

佣金(commission)是商业活动中的一种劳务报酬，是具有独立地位和经营资格的中间商在商业活动中为他人提供服务所得到的报酬。佣金按支付方式的不同，可分为明佣、暗佣和累计佣金三种。

我国的外贸公司，在代理国内企业进出口业务时，通常由双方签订协议，规定代理佣金比率，而对外报价时，佣金率不在价格中明示，这种佣金称之为“暗佣”。暗佣有议付佣金和汇付佣金两种方式，其中，议付佣金是指在出口货物结汇时，由银行从货款总额中扣留佣金并付给国外中间商的佣金支付方式。反之，如果在价格条款中明确表示佣金的多少，则称为“明佣”。在对外贸易中，明佣主要出现在我国出口企业向国外中间商的报价中。累计佣金是指出口企业与包销、代销客户签订合约，在一定时间内推销一定数量或一定金额以上的某类商品后，按其累计销货金额和佣金率支付给客户的佣金。若能直接认定到具体出口商品的累计佣金，则做冲减销售收入处理；若无法直接认定的，则应列为销售费用处理。

包含佣金的合同价格，称为含佣价，通常以含佣价乘以佣金率，得出佣金额。其计算公式为：

佣金＝含佣价×佣金率

四、自营出口预估境外费用的核算

为了符合权责发生制的记账基础及配比的理念，正确核算出口当期的损益，应当在每季度结算或年度决算时，对已确认的出口销售收入，且该销售收入所对应的尚未支付的境外运费、保险费、应付的佣金等，均应分别预估入账。

【例 5-15】 假设在季度结算时，估计有应付未付的境外运费 500 美元，保险费 200 美元。当日市场汇率为 1 美元＝6.94 元人民币。该公司进行会计处理时，编制如下会计分录。

借：主营业务收入——自营出口销售收入——X 商品

(US＄500×6.94)3 470

主营业务收入——自营出口销售收入——X 商品

(US＄200×6.94)1 388

贷：应付账款——应付外汇账款——预估境外运费

(US＄500×6.94)3 470

应付账款——应付外汇账款——预估境外保险费

(US＄200×6.94)1 388

【例 5-16】 沿用**【例 5-15】**的资料，季度预估后，在下一季度实际支付运保费时，假设实际支付境外运费 520 美元，保险费 150 美元，当日市场汇率为 1 美元＝6.92 元人民币。该公司在进行会计处理时，编制如下会计分录。

(1)实际支付境外运费时：

借：应付账款——应付外汇账款——预估境外运费

(US＄500×6.94)3 470

主营业务收入——自营出口销售收入——X 商品

(US＄20×6.92)138.40

贷：银行存款——美元户 (US＄520×6.92)3 598.40

财务费用——汇兑损益 10

(2)实际支付境外保险费时：

借：应付账款——应付外汇账款——预估境外保险费

(US＄200×6.94)1 388

贷：银行存款——美元户　　(US＄150×6.92)1 038

主营业务收入——自营出口销售收入——X商品

(US＄50×6.92)　346

财务费用——汇兑损益　　4

【例 5-17】 沿用**【例 5-15】**的资料，季度预估后，恰逢年末。下一年度实际支付运保费时，假定实际支付境外运费 520 美元，保险费 150 美元，当日市场汇率为 1 美元＝6.90 元人民币。该公司在进行会计处理时，编制如下会计分录。

(1)实际支付境外运费时：

借：应付账款——应付外汇账款——预估境外运费

(US＄500×6.94)3 470

以前年度损益调整　　(US＄20×6.90)138

贷：银行存款——美元户　　(US＄520×6.90)3 588

财务费用——汇兑损益　　20

(2)实际支付境外保险费时：

借：应付账款——应付外汇账款——预估境外保险费

(US＄200×6.94)1 388

贷：银行存款——美元户　　(US＄150×6.90)1 035

以前年度损益调整　　(US＄50×6.90)345

财务费用——汇兑损益　　8

此外，自营出口销售业务中还有可能出现其他业务的会计核算，如表 5-1 所示。

表 5-1　自营出口销售其他业务核算

业务类型		主要会计分录
自营出口销售退回	冲销已确认的收入及佣金(明佣)	借：主营业务收入——自营出口销售收入 贷：应收账款——应收外汇账款 主营业务收入——佣金
	冲销原结转的销售成本	借：在途物资——境外退货 贷：主营业务成本——自营出口销售成本
	转销境外运费和保险费	借：待处理财产损溢——待处理流动资产损溢 贷：主营业务收入——运费、保险费 销售费用
	支付退回商品的境外运费	借：待处理财产损溢——待处理流动资产损溢 贷：银行存款——美元户

续表

业务类型		主要会计分录
	退回的商品运抵企业、验收入库	借：库存商品——甲商品 贷：在途物资——境外退货
	退货发生的新老费用处理	借：营业外支出——出口退货费用 贷：待处理财产损溢——待处理流动资产损溢
自营出口索赔	确认索赔	借：应收账款——应收外汇账款——出口索赔 贷：营业外收入——出口索赔
	收到索赔款	借：银行存款——美元户 财务费用——汇兑损益 贷：应收账款——应收外汇账款——出口索赔
自营出口理赔	确认理赔	借：待处理财产损溢——待处理流动资产损溢 贷：应付账款——应付外汇账款——出口理赔
	查明原因处理	借：其他应收款——运输部门 管理费用 主营业务收入——自营出口销售收入 贷：待处理财产损溢——待处理流动资产损溢
	调整销售成本	借：库存商品 贷：主营业务成本——自营出口销售成本
	收到运输部门的款项	借：银行存款——美元户 财务费用——汇兑损益 贷：其他应收款——运输部门
	支付外商理赔款	借：应付账款——应付外汇账款——出口理赔 贷：银行存款——美元户 财务费用——汇兑损益

PPT 课件

学习情境三 代理出口销售业务的核算

任务一 代理出口销售业务的内容和要求

视频：代理出口业务核算

一、代理出口销售业务的概念和类型

（一）代理出口销售业务的概念

代理出口销售业务（export agency sales）是指有进出口权的出口企业受托代理委托方办理对外销售、发运、制单、结汇等全过程工作，或

者代为办理对外销售和交单、结汇工作的出口业务。

如果只代委托方办理对外成交业务，而不负责制单、结汇，或者只代委托方办理加工、整理、改装、发运等部分工作，只能称为单项代办业务，而不能称为代理出口业务。简而言之，凡办理结汇的，称为代理出口业务；不办理结汇的，称为代办业务。

知识卡片：进出口权

进出口权全称自主经营进出口经营权。进出口权是指进出口企业开展进出口业务的资格。进出口权申请需要经过一个比较复杂的审批办理过程。拟申请进出口权的企业必须同时得到市商务局、市/分区海关、外汇管理局、电子口岸等相关部门的批准，并拿到上述部门审批完成的各类证书后，申请企业才算拥有了进出口权。只有拥有进出口权的企业，才可依法自主从事进出口业务。

进出口权分为一般贸易进出口经营权、生产企业自营进出口经营权、科研院所和高新技术企业进出口经营权、商业物资供销合作社企业进出口经营权。其申请条件为：

(1)企业应具备企业法人资格，经工商行政管理部门登记注册领取《企业法人营业执照》，按国家规定办理工商年检并通过年检。

(2)企业注册资本(金)不低于50万元人民币。

(3)企业已办理税务登记，依法纳税，按国家规定办理税务年检并通过年检。

(4)该企业法定代表人或负责人，在3年内未曾担任过被撤销对外贸易经营许可企业的法定代表人或负责人(指在其担任法定代表人或负责人期间，企业违法、违规被撤销对外贸易经营许可)。

(5)企业具有从事进出口业务的专业人员。

(二)代理出口销售业务的类型

代理出口销售业务的类型主要有视同买断方式和收取手续费方式两种。

1.视同买断方式

在这种方式下，委托方与受托方在所订立的代销协议中明确约定，委托方按协议价收取代销商品的价款，而不过问实际出口的销售价。对受托方来说，商品出口的实际价格可自行决定。由此可见，对受托方来说是出口之后再向委托方按协议价“购进”，受托方的收益是实际出口价与协议价之间的差额。因此，在这种方式下，受托方委托代销商品销售收入的实现和账务处理，与本企业货物对外出口销售收入的实现和账务处理相同，而委托方则相当于按协议价内销。

2. 收取手续费方式

在这种方式下，委托方与受托方在所订立的代销协议中明确约定，受托方按要求将货物外销出口后，开具已销货物清单交给委托方，委托方在收到受托方代销货物清单时确认销售收入，而受托方则在货物出口销售后，根据协议规定，按应收取的手续费金额确认收入。

二、代理出口销售外汇货款的结算方法

代理出口销售外汇货款的结算方法主要有异地结汇法和全额结汇法两种。

(一)异地结汇法

异地结汇法是指受托外贸企业在商品出口销售过程中，办妥必要手续向银行办理交单收汇时，由银行在收到外汇时扣除境外运费、保险费、佣金及代理手续费后，将外汇余额原币划拨给委托方，由委托方到所在地银行去办理结汇的一种结算方法，也称委托方结汇法。

(二)全额结汇法

全额结汇法是指受托外贸企业在商品出口销售过程中办妥必要手续，向银行办理交单收汇，由银行在收到外汇时全额向受托外贸企业办理结汇，然后由受托方扣除各种代垫费用后，再将人民币余额划拨给委托方的一种结算方法，也称当地结汇法和受托方结汇法。

三、代理出口销售业务核算的内容和要求

(一)代理出口销售业务核算的主要内容

代理出口销售业务核算的主要内容有：①收到代理出口商品和代办出口托运的备查和记录；②代办出口交单外汇的确认和记录；③结转代理出口商品成本的计算和记录；④代理出口销售外汇的确认和记录；⑤代付境内外费用的确认和记录；⑥代理出口销售款项的清算和记录。

(二)代理出口销售业务核算的要求

代理出口销售业务核算的要求如下：

第一，代理出口销售一般不垫付出口商品资金。其在代理出口业务中所需基

本资金要通过预收款来进行支付。

第二，代理出口销售不承担基本费用。其在代理出口过程中所发生的佣金和境外的运输及保险费等直接费用由委托企业承担。

第三，受托方不承担盈亏责任。凡在代理出口过程中发生的理赔、索赔责任，出口经营的盈亏均由委托企业负责，出口退税款也全归委托企业所有。

第四，代理收入为代理手续费。代理手续费一般按照出口发票上所列金额及约定的手续费费率来收取，手续费费率一般在3%左右。

第五，代理出口销售收入应为外销发票上应收外币金额，扣除了境外佣金后按交单日银行外汇汇率的买入价(或中间价)折合成人民币金额入账。

第六，除外商投资企业委托代理出口应凭委托代理的协议办理原币划转外，境内机构的出口外汇不得采用原币划转，应在收款银行按买入价结汇后将人民币划转给委托方，即采用全额结汇法。

任务二　代理出口销售业务主要账户和对应账户

一、代理出口销售业务应设置的主要账户

代理出口销售业务的核算需要设置的主要账户有："受托代销商品""应付账款""应收账款""主营业务收入""主营业务成本"和"受托代销商品款"等账户。

二、代理出口销售业务主要账户的结构和对应账户

代理出口销售业务核算的主要账户除"受托代销商品"账户外，其余各账户的结构和对应账户均在之前的项目中已做介绍，在此不再赘述。现就"受托代销商品"和"受托代销商品款"账户进行介绍。

"受托代销商品"账户是一个资产类账户，用来核算外贸企业接受委托代理出口销售业务过程中，代理出口销售商品的收货、结存和结转的实际成本。该账户若有期初余额，则期初余额在借方。本期发生的增加额登记在借方，结转代理出口销售成本时登记在贷方。期末若有余额则在借方，表示外贸企业代理出口销售商品的实际成本。

"受托代销商品款"是一个负债类科目，用来核算企业受其他单位委托代销商品的款项。企业收到委托单位的代销商品时，应按规定的销价借记"受托代销商品"科目，贷记本科目。代销商品售出后，按规定销价借记本科目，贷记"应付账款"科目。本科目的月末余额，应与"受托代销商品"科目的月末余额相符。本科目应

按委托单位和不同的货币设置明细账。

(1)收到代销商品，会计分录为：

借：受托代销商品

　贷：受托代销商品款

(2)代办出口交单收汇，会计分录为：

借：应收账款

　贷：受托代销商品

(3)结转代销商品，会计分录为：

借：受托代销商品款

　贷：应付账款

任务三　代理出口销售业务的会计处理

由于视同买断方式对受托方来说，其账务处理与自营出口相同，故在此不再赘述。这里仅就收取手续费方式下的做法举例分述如下。

【例 5-18】 嘉兴市澳杰公司为 A 公司代理出口乙商品 1 500 打，合同金额为 30 000 美元(CIF 价格)。代理手续费费率为 2%，收到委托单位交来代理出口商品时，根据业务或储运部门开具的盖有“代理业务”戳记的入库单，按合同规定金额扣除手续费后按当日即期汇率入账，当日市场汇率为 1 美元＝6.94 元人民币。该公司在进行会计处理时，编制如下会计分录。

(1)收到代理出口商品时：

借：受托代销商品——A 公司——乙商品　(US＄30 000×6.94)208 200

　贷：受托代销商品款——A 公司——代理出口货款

　　　　(US＄30 000×6.94)208 200

(2)代办出口交单收汇：

受托方在代理商品装运出口后，在信用证规定日期内，将全套出口单证按合同规定结算方式向银行交单，办理委托收款，凭出口运单和委托收款回单，编制如下会计分录，当日市场汇率 1 美元＝6.94 元人民币。

借：应收账款——应收外汇账款——国外某客户

　　　　(US＄30 000×6.94)208 200

　贷：受托代销商品——A 公司——乙商品　(US＄30 000×6.94)208 200

同时转销受托代销商品款，会计分录为：

借：受托代销商品款——A 公司——乙商品　(US＄30 000×6.94)208 200

　贷：应付账款——A 公司——乙商品　(US＄30 000×6.94)208 200

(3)代付国外费用：

对代理出口所发生的国外运输费、保险费和佣金等，应凭有关单据及银行购汇水单支付。假定国外运费为 1 200 美元，保险费为 400 美元，代付国外佣金为 500 美元，当日银行卖出价为 1 美元＝6.95 元人民币，当日市场汇率为 1 美元＝6.94 元人民币。该公司在进行会计处理时，编制如下会计分录。

借：应付账款——A 公司——乙商品运输费　　(US＄1 200×6.94)8 328

——乙商品保险费　　(US＄400×6.94)2 776

——乙商品佣金　　(US＄500×6.94)3 470

——汇兑损益　　21

贷：银行存款——人民币户　　(US＄2 100×6.95)14 595

(4)出口收汇：

银行收妥货款后，扣除手续费(假定为 30 美元)，受托方根据银行结汇水单，按当日银行买入价 1 美元＝6.92 元人民币入账，当日市场汇率 1 美元＝6.94 元人民币。该公司在进行会计处理时，编制如下会计分录。

借：银行存款——人民币户　　(US＄29 970×6.92)207 392.40

应付账款——A 公司——银行手续费　　(US＄30×6.94)208.20

应付账款——A 公司——汇兑损益　　599.40

贷：应收账款——应收外汇账款——国外某客户(US＄30 000×6.94)208 200

(5)代付国内费用：

假定受托方在代理过程中，支付国内运杂费 1 000 元人民币，该公司根据相关单据编制如下会计分录。

借：应付账款——A 公司——代理出口　　1 000

贷：银行存款　　1 000

(6)清算代理款项：

结算数＝应付账款贷方数－应付账款借方数－代理手续费

＝208 200－(14 595＋208.2＋599.4＋1 000)－4 164

＝187 633.4 元

据此，该公司编制如下会计分录：

借：应付账款——A 公司　　191 797.40

贷：银行存款　　187 633.40

主营业务收入——代理出口手续费收入　　3 684.96

应交税费——应交增值税(销项税)　　479.04

课程思政案例

项目五 案例

项目五 实验实训

一、出口购进商品长余、短缺的会计处理

1. 嘉兴市澳杰公司从外地购进出口服装一批，采用提货制交接商品。增值税专用发票上注明男衬衫 1 000 件，单价 60 元，共计 60 000 元。增值税税率 13%，增值税税额 7 800 元，价税合计 67 800 元。合同约定验单付款，结算凭证已收到，商品尚未到达。款项以银行汇票结算。请按要求编制下列会计分录：

(1)验单付款时。

(2)验收入库时，多出 10 件衬衫。

(3)将多余 10 件衬衫退还供货单位。

(4)将多余 10 件衬衫做购进处理，款项以银行存款支付。

2. 嘉兴市澳杰公司从外地购进出口服装一批，采用提货制交接商品。增值税专用发票上注明男衬衫 1 000 件，单价 60 元，共计 60 000 元。增值税税率 13%，增值税税额 7 800 元，价税合计 67 800 元。合同约定验单付款，结算凭证已收到，商品尚未到达。款项以商业汇票结算。请按要求编制下列会计分录：

(1)验单付款时。

(2)验收入库时发现短缺 21 件衬衫，金额 21×60＝1 260(元)。

(3)短缺的 21 件衬衫，其中 20 件为供应单位少发，1 件为经办人遗失。

(4)供货单位送来 20 件衬衫，经办人找回 1 件衬衫。

(5)供货单位退回款项存入银行，经办人赔偿现金交与出纳。

二、出口购进商品退补价的会计处理

1. 嘉兴市澳杰公司从本地农贸公司购进出口木耳一批，采用提货制交接商品。增值税专用发票上注明木耳 1 000 千克，单价 100 元/千克，共计 100 000 元。增值

税税率 13%，增值税税额 13 000 元，价税合计 113 000 元。木耳验收入库，款项以转账支票支付。请按要求编制下列会计分录：

(1)支付商品款项时。

(2)若购销双方考虑多种因素磋商后，确定木耳的单价为 80 元/千克，供应单位开来红字发票，并退回多付款存入银行。

(3)若收到退款存入银行时，经确认有 400 千克木耳已出口，并进行了相应的账务处理。

2. 嘉兴市澳杰公司从本地农贸公司购进出口木耳一批，采用提货制交接商品。增值税专用发票上注明木耳 1 000 千克，单价 100 元/千克，共计 100 000 元。增值税税率 13%，增值税税额 13 000 元，价税合计 113 000 元。木耳验收入库，款项以银行本票支付。请按要求编制下列会计分录：

(1)支付商品款项时。

(2)若购销双方考虑多种因素磋商后，确定木耳的单价为 110 元/千克，该公司以银行支票补付货款。

(3)若补付货款时，经确认有 600 千克木耳已出口，并进行了相应账务处理。

三、自营出口销售明佣的核算

嘉兴市澳杰公司有自营进出口权，现根据合同对美国出口甲商品一批计 5 000 打，成本单价为每打 40 元，合计人民币 200 000 元(不含增值税)，公司业务部门根据出口合同或信用证规定开出商品出库凭证，并连同外销发票、装箱单及其他出口单证，通过储运部门交付对外运输公司办理托运，财务部门按出库凭证进行会计处理时，请按要求编制会计分录：

(1)商品出库时。

(2)出口交单时，财务部门收到有关部门已向银行交单的发票副本，并与上述出库单核对无误后，根据发票所列对美出口甲商品 CIF 纽约 40 000 美元，佣金为明佣，佣金率为 4%，扣除 4%的出口佣金，销售净额为 38 400 美元，当日的美元汇率为 1 美元＝6.64 元人民币。

(3)结转时以外销发票上所列产品的品名、规格、数量等内容，与发出的待运商品单核对完全相符。

(4)银行收到出口企业全套出口单证，经审核无误后，即按不同结算方式向境外银行办理结算手续，当银行在收妥外汇后开具结汇水单将人民币转入该公司账户，当日美元买入价为 1 美元＝6.50 元人民币。

(5)从美元户支付国外运费 500 美元，当日即期汇率为 1 美元＝6.62 元人民币。

(6)从美元户支付国外保险费200美元，当日即期汇率为1美元=6.62元人民币。

项目练习

项目五　练习

项目六　进口商品经营业务的核算

主要内容导读

本项目主要设置了四个学习情境：进口商品经营业务概述、自营进口业务、代理进口业务和易货贸易的核算。学习情境一具体学习任务涉及进口商品经营业务的意义、种类和程序；学习情境二具体学习任务包括自营进口业务的相关规定和会计处理；学习情境三主要介绍了代理进口业务的内容和相关规定和会计处理；学习情境四中主要介绍了易货贸易的概述及具体经济业务的会计处理。

职业能力要求

熟悉进口业务的程序、会计核算对象；

掌握进口业务会计主要科目设置；

熟悉进口业务的会计账户及结构；

熟练自营进口、代理进口和易货贸易业务会计核算处理。

课程思政

2022 年 1 月 1 日，《区域全面经济伙伴关系协定》(Regional Comprehensive Economic Partnership，RCEP)正式生效。RCEP 是亚太地区规模最大、最重要的自由贸易协定。随着我国在国际贸易中的地位不断提升，作为经济类专业的大学生，应加强对《区域全面经济伙伴关系协定》知识的学习，了解成员方之间可以享受的关税及原产地规则优惠，为以后从事贸易类工作做好准备。

情境引例

嘉兴市澳杰公司有自营进出口权，根据合同从美国进口甲商品一批，FOB 价格为 20 000 美元。记账本位币为人民币，外币折算与兑换业务按当日即期汇率进行折算，根据以下业务编制会计分录。

(1)按合同经申请用现汇开立信用证，当日市场汇率为 1 美元＝6.70 元人民币。

(2)接到银行传来的国外单据时，审核无误后付款赎单。

(3)收到国外运费和保险费单据，其中，运费 2 000 美元，保险费 500 美元，当即用人民币购汇支付。当日市场汇率为 1 美元＝6.70 元人民币，当日银行卖出价 1 美元＝6.72 元人民币。

(4)收到外商汇来进口商品的佣金 2 000 美元，当即结汇。当日市场汇率为 1 美元＝6.70 元人民币，当日银行买入价 1 美元＝6.68 元人民币。

(5)计算确定应交纳进口关税和消费税，其中，关税税率为 20%，消费税税率为 10%。

(6)用银行存款交纳关税、消费税和海关代征的增值税。

(7)用银行存款支付国内运杂费 1 500 元。

(8)甲商品运抵企业，验收入库。

(9)将进口甲商品按协议销售给宏大公司，货款 200 000 元，增值税 34 000 元，货已发出，款项尚未收到。

(10)结转已销甲商品的实际成本。

(11)收到银行的进账通知，宏达公司汇来的甲商品货款 234 000 元已收妥入账。

项目任务

(1)根据情境引例中的业务，计算并确定自营进口商品的采购成本、进口佣金、进口关税、进口消费税、海关代征增值税、进口港务费、自营进口商品的销售收入等金额。

(2)根据具体金额编制相关的会计分录。

PPT 课件

学习情境一　进口商品经营业务概述

任务一　进口商品经营业务的意义和种类

一、进口商品经营业务的意义

进口商品经营业务，简称进口贸易(import trade)，是指外贸企业以外汇形式在国际市场上采购生产和人民生活所需商品的业务。

进口贸易也是外贸企业基本业务的重要组成部分。进口贸易与出口贸易两者是相辅相成、相互制约的。进口贸易在弥补国内资源不足，引进国外先进技术设备和经营管理经验，提高生产技术水平，促进经济转型升级方面具有十分重要的作用。通过进口先进技术、先进的生产设备和国内紧缺的原材料和燃料，可以提升我国的科技水平、生产能力和国际竞争力；通过进口国内生活短缺的物资，可以提高我国人民的生活水平；同时还可以促进我国出口贸易的增长，扩大我国与世界各国的经济交流，以达到互通有无、共同发展的目的。

二、进口贸易的业务种类

进口贸易包括自营进口、代理进口、易货贸易进口、加工贸易进口、资本进口、技术进口、服务进口等业务。本项目主要介绍货物进口贸易中的自营进口业务、代理进口业务和易货贸易业务。

(一)自营进口业务

自营进口业务是指外贸企业用自有包汇、自借外汇以及自用以进养出外汇等所有自行组织的商品进口。自营进口业务的各种费用由外贸企业自行支付，其经营成果由企业自行承担。

进口商品国内作价原则是进口商品在国内确定价格时应遵守的准则。我国进口商品在国内作价的原则，由国家物价部门及有关部门统一规定。

知识卡片：进口商品国内作价原则

外贸企业对国内用货部门的货款结算，长期以来都是按国家规定的统一价进行计价。进口商品国内作价的基本原则包括以下三种：

(1)国内有同类产品的进口商品，如国内有统一价格，按国内统一价格作价；如国内没有统一价格，按到货口岸地区价格作价，如与国内同类产品在质量、规格上有差异，按质论价，可适当加价或减价。

(2)国内没有同类产品的进口商品，但属常年进口，由外贸部门和订货单位协商，确定进口拨交价，按拨交价作价。

(3)代理进口销售的进口商品，按到岸价加手续费作价。

随着价格体制的改革，出现了一些新的价格管理制度，外贸企业对内结算的价格可以按不同的商品分别采用国家定价、国家指导价和市场议价等价格形式。

(二)代理进口业务

代理进口业务是指外贸企业代理国内委托单位与外商签订进口贸易合同，并负责对外履行合同的业务。对该项业务，外贸企业仅收取一定比例的手续费。

代理进口业务会计核算的最大特点是,代理企业处于中介服务地位,它纯粹是接受其他企业委托,以订立代理合同形式进口。由于代理进口业务中,代理企业不垫付资金,代理进口所发生费用由国内委托单位承担,所以代理进口业务一般用应收账款、应付账款处理。

(三)易货贸易业务

易货贸易是指由贸易双方订立易货贸易合同或协议规定,在一定期限内,用一种或另几种商品交换另一种或另几种进口商品的业务,是贸易双方将进口与出口结合起来进行商品交换并自负盈亏的一种贸易方式。

易货贸易是在买卖双方之间进行的货物或劳务等值或基本等值的直接交换,不涉及现金的收付,也没有第三方介入。在采用易货贸易方式交易时,买卖双方当事人以一份易货合同确定交易商品的价值,以及作为交换的商品或劳务的种类、规格、数量等内容。在实际业务中,使用较多的是通过对开信用证的方式进行易货,即由交易双方先签订易货合同,规定各自的出口商品均按约定价格以信用证方式付款。为了减少交易商品以及用于交换的商品和劳务可能出现的价格波动所造成的影响,一般的易货贸易均为一次性交易,并且合同履约期较短。

通过易货贸易,交易双方可以在不增加外汇支出的情况下,以商品或劳务换回本国所需的各种物资,从而促进本国经济的发展和改善本国的贸易平衡状态。另外,国家之间签订的换货清算协定实际上也是扩大了的易货贸易方式。根据协定规定,任何一方的进口或出口,由双方政府的指定银行将货值记账,在一定时期内互相抵冲结算,或将其差额结转下一年度。

知识卡片:自营进口商品盈亏核算

自营进口商品盈亏核算的内容包括进口商品的进价成本、流通费用和进口销售收入的计算,从而求出进口盈亏。进口成本的计算公式为:

进口成本=进价成本+流通费用

=进价外汇支出×外汇牌价+流通费用

自营进口商品的盈亏核算,其计算公式为:

进口盈(亏)率=进口盈(亏)额÷进口成本×100%

此外,还要计算进口美元赚(赔)额。它是指每使用1美元经营进口后,所赚得或亏损的人民币金额,其计算公式为:

进口美元赚(赔)额=进口盈(亏)额(人民币)÷进口支付美元金额

任务二　进口商品经营业务的程序

一、交易前的准备

我国规定，一切进口商品都必须经过有关政府部门的审查和批准。有关国计民生的大宗敏感性重要进口商品，以及限制进口的某些机电仪器产品，均须经国家级主管部门审批；国际市场上相对集中、价格敏感或国内紧缺的重要物质，由中央分配给地方一定的进口额度，由地方主管部门审批；一般商品，均由地方主管部门审批。进口商品的单位根据国家的进口计划或经省、区、市政府主管部门批准的进口计划，提出订货申请书，即填写进口订货卡片。

进口方在对国外市场和外商资信情况调查研究的基础上制定进口商品经营方案或价格方案。经过货比三家之后，选择适当的采购市场和供货对象。

二、进口交易磋商和合同订立

进口交易磋商是签订和履行进口合同的基础，是国际货物交易程序不可缺少的组成部分。

（一）进口交易磋商的方式

进口交易磋商的方式主要有三种：一是书面洽谈方式，如采用信件、电报、传真等通信方式来洽谈交易；二是口头洽谈方式，如请外商来国内面谈或参加广交会、国际博览会等，另外，还包括双方通过国际长途电话进行的交易磋商；三是行为表示的方式，如在拍卖市场上的拍卖、购进活动等。

（二）进口交易磋商的内容

进口交易磋商的内容主要是就购进某种商品的各项交易条件，如对商品的品质、数量、包装、价格、装运、支付、索赔、仲裁等进行协商。在老客户之间，由于事先已就“一般交易条件”达成协议或形成了一些习惯做法，或者已签订长期的贸易协议，因此，交易就不一定需要对各项条款一一重新协商。

（三）进口交易磋商的一般程序

进口交易磋商的一般程序包括询盘、发盘、还盘和接受四个环节。其中，发盘和接受是达成交易、合同成立的必备环节和法律步骤。

1.询盘

询盘是交易的一方向另一方询问购买或出售某种商品或某几种商品的各项交易条件,这种口头或书面的表示,即是询盘。询盘对询盘人没有约束力,但在询盘时仍要注意策略:一是询盘的对象既不能过窄,也不能过宽。过窄难以了解国外市场情况,过宽则会引起市场价格波动。二是询盘的内容既要能使客户提供报盘资料,又要防止过早透露采购数量、价格等意图,被客户摸清底细。在书面洽谈的交易方式中,询盘应注明编号以加速国外复电、复函的传递,说明应报价的种类和价格条件,并且对于商品品种、规格、型号、技术要求务尽其详,以免进口商品不符合合同要求。

2.发盘

发盘是指交易的一方向另一方提出购买或出售某种商品的各项交易条件,并表示愿意按这些条件与对方达成交易、订立合同的行为。根据《联合国国际货物销售合同公约》(以下简称《公约》)的解释,构成一项发盘应具备以下四个条件。

(1)向一个或一个以上的特定人发出。比如,出口商为招揽用货单位而向一些国外客户寄发的商品目录、报价单、价目表或刊登的商品广告等,都不是发盘。

(2)表明发盘人的订约意图。这是指发盘人向受盘人表示,在得到有效接受时,双方即可按发盘的内容订立合同。发盘中通常都规定有效期,作为发盘人受约束和受盘人接受的有效时限。在有效期内,一般不得反悔或更改发盘条件。

(3)内容必须十分确定。发盘内容应该是完整的、明确的和终局的。"完整"是指货物的各种主要交易条件完备;"明确"是指主要交易条件不能用含糊不清、模棱两可的词句;"终局"是指发盘人只能按发盘条件与受盘人订立合同,而无其他保留或限制性条款。

在经过对数个报盘(发盘)的审核和比价之后,就可以有针对性地还盘。

(4)发盘送达受盘人。发盘于送达受盘人时生效。

3.还盘

还盘是指受盘人收到发盘后,经过比价,对发盘的内容不同意或不完全同意。为了进一步磋商交易,面向发盘人提出修改建议或新的限制性条件的口头或书面表示。在我国的进口业务中,一经还盘,原发盘即失去效力,发盘人不再受其约束,一项还盘等于受盘人向原发盘人提出的一项新的发盘。

还盘既可以是还价,也可以是改变其他交易条件,如改变支付条件、改变贸易术语、提高佣金和折扣等,使各种交易条件对我方来说更为有利。

4. 接受

接受是指受盘人无条件地同意发盘人在发盘中提出的各项交易条件，并同意按照这些条件订立合同的一种肯定表示。这在我国法律上称为承诺。根据《公约》的规定，一项有效的接受必须具备下列条件：

(1)接受必须由受盘人做出。

(2)接受的内容必须与发盘相符。

(3)接受必须以一定的方式表示出来；《公约》规定："受盘人声明或做出行为表示同意一项发盘，即是接受；沉默或不行为本身不等于接受。"

(4)接受通知必须在发盘有效期内送达发盘人。

在磋商成功的基础上，国内贸易公司就可以与国外出口商正式签订书面合同。

三、进口合同的履行

履行进口合同的主要环节是：开立信用证、租船订舱和装运、保险、审单和付汇、报关和接货、验收和拨交、进口索赔。

(一)开立信用证

进口合同签订后，按照合同规定填写开立信用证申请书向中国银行办理开证手续。信用证的内容应与合同条款一致，如品质规格、数量、价格、交货期、装货期、装运条件及装运单据等，应以合同为依据，并在信用证中一一做出规定。

信用证的开证时间，应按合同规定办理。如合同规定在卖方确定交货期后开证，则买方应在接到卖方上述通知后开证；如合同规定在卖方领到出口许可证并支付履约保证金后开证，则应在收到对方已领到许可证的通知，或银行收到保证金后开证。

(二)租船订舱和装运

FOB 价格条件下的进口合同，租船订舱应由买方负责。目前，买方进口货物的租船订舱工作统一委托外运公司办理。如合同规定，卖方在交货前一定时期内应将预计装船日期通知买方，买方在接到上述通知后，应及时向外运公司办理租船订舱手续。在办妥租船订舱手续后，买方应按合同规定的期限通知对方船名及船期，以便对方备货装船。同时，买方还应随时了解和掌握卖方备货和装运前的准备工作情况，注意催促对方按时装运。对数量大的物资的进口，如有必要亦可请买方驻外机构就地了解、督促，或派专员前往出口地点检验监督。

国外装船后，卖方应按合同规定的内容，用电讯通知买方以便买方办理保险和接货等手续。

(三)保险

FOB价格或CFR价格条件下的进口合同,保险应由买方办理。凡是进口货物由买方进出口公司委托中国对外贸易运输公司办理,并由外运公司同中国人民保险公司签订预约保险合同,其中对各种货物应保的险别做了具体规定。即所有按FOB价格及CFR价格条件进口货物的保险,都由中国人民保险公司承保。因此,每批进口货物,在收到国外装船通知后,将船名、提单号、开船日期、商品名称、数量、装运港、目的港等项内容通知保险公司,即视为已办妥保险手续。

(四)审单和付汇

国内的银行收到国外寄来的汇票及单据后,对照信用证的规定,核对审据的份数和内容。如内容无误,则由中国银行对国外付款。

同时,进出口公司用人民币按照国家规定的有关折算的牌价向中国银行买汇赎单。进出口公司凭中国银行出具的"付款通知书"向用货部门进行结算。如审核国外单据时,发现证、单不符,要立即处理,要求国外卖方改证,或停止对外付款。

审单要点:

(1)审核单据的品名、规格、数量、金额、签字等内容是否符合要求。

(2)审核单据的种类和份数是否齐全。

(3)审核单据上的装运港、卸货港、目的港、装运期等是否与规定相符。

对"不符点"的处理:

(1)不符性质严重:可拒绝接受单据并拒付全部货款。

(2)不符性质不太严重:部分付款、部分拒付,货到检验合格付款,凭担保付款,更正单据后付款。

(五)报关和接货

进口货物到货后,由进出口公司或委托外运公司根据进口单据填写"进口货物报关单"向海关申报,并随附发票、提单及保险单。如属法定检验的进口商品,还须随附商品检验证书。货、证指定经海关查验无误后,才能放行。

进口货物运达指定港口卸货时,港务局要进行卸货核对。如发现短缺,应及时填制"短缺报告"交由船方签字确认,并根据短缺情况向船务公司传递索赔权的书面声明。卸货时如发现残损,则货物应存放于海关指定仓库,待保险公司会同商品检验部门检验后做出处理。

(六)验收和拨交

进口货物须由商品检验部门进行检验。如有残损短缺,凭商品检验部门出具的证书对外索赔。对于合同规定在卸货港检验的货物,或已发现残损短缺有异状的货物,或合同规定的索赔期即将期满的货物等,都需要在港口进行检验。

在办完上述手续后,进出口公司委托中国对外贸易运输公司提取货物并拨交给订货部门。外运公司以"进口物资代运发货通知书"通知订货部门在目的地办理收货手续,同时,通知进出口公司代运手续已办理完毕。如订货部门不在港口,则所有关税及运往境内,费用由外运公司向进出口公司结算后,进出口公司再向订货部门结算货款。

(七)进口索赔

进口商日常因品质、数量、包装等不符合合同的规定,而需向有关方面提出索赔。根据造成损失原因的不同,进口索赔的对象可分为以下三种。

1.向卖方索赔

凡属下列情况者,均可向卖方索赔。例如,原装数量不足,货物的品质、规格与合同规定不符,包装不良致使货物受损,未按期交货或拒不交货等。

2.向船公司索赔

凡属下列情况者,均可向船公司索赔。例如,原装数量少于提单所载数量;提单是清洁提单,而货物有残缺情况,且属于船公司过失所致;货物所受的损失,根据租船合约有关条款应由船公司负责;等等。

3.向保险公司索赔

凡属下列情况者,均可向保险公司索赔。例如,由于自然灾害、意外事故或运输中其他事故的发生致使货物受损,并且属于承保险别范围以内的;凡船公司不予赔偿或赔偿金额不足以抵补损失部分的,并且属于承保范围内的。

四、对内销售与结算

外贸企业收到运输公司船舶到港通知及全套单据后,应根据合同约定将从境外进口的商品在境内进行销售,向境内客户开出销售发票,办理结算。根据货款结算时间的不同,自营进口商品销售的结算方式可分为货到结算、单到结算和出库结算三种方式。

知识拓展:RCEP

PPT 课件

学习情境二　自营进口业务的核算

视频：自营进口业务核算

任务一　自营进口业务的相关规定

一、自营进口业务的内容及程序

自营进口业务是指进口企业用外汇购进境外商品，自用或转移给境内客户的交易活动。进口企业自行洽谈、履约，自负盈亏。财务部门应按照企业业务流程，参照历史交易信息和市场现况，指导和审核进口业务的预算及其执行，评估和提示客户资信、结算方式、汇率、税率、利率、国别政策等方面的经营风险及避险方法，并筹集进口采购资金，保障业务顺利进行。

二、自营进口商品采购成本的构成

进口商品采购成本以 CIF 价格为基础。

自营进口商品的采购成本由境外进价、进口税金和境内运费三部分构成。用公式表示为：

自营进口商品的采购成本＝CIF 价格＋税金（进口关税、进口消费税）－收到的进口佣金＋境内运费

或等于：

①（FOB 价格＋境外运费、保费－收到的进口佣金＋税金）＋境内运费

②（CFR 价格＋境外保费－收到的进口佣金＋税金）＋境内运费

（一）境外进价

进口商品的进价一律以 CIF 价格为基础，如果进口合同是以 FOB 价格或 CFR 价格成交的，则由外贸企业负担的境外运费和保险费均应作为商品的境外进价入账。外贸企业收到的能够直接认定的进口商品佣金，应冲减商品的境外进价。对于难以按商品直接认定的佣金，如累计佣金则只能冲减“销售费用”账户。

(二)进口税金

进口税金是指进口商品在进口环节应缴纳的计入进口商品的采购成本的进口税金,包括海关征收的进口关税和消费税,不包括增值税。在商品进口环节征收的增值税是价外税,不是进口商品采购成本的构成部分,应将其列入“应交税费”账户。相关计算公式如下:

进口关税=关税完税价格(CIF价格)×关税税率
　　　　=CIF人民币价格×市场汇率(中间价)×关税税率
消费税=组成计税价格×消费税税率
　　　=(CIF人民币价格+关税)÷(1-消费税税率)×消费税税率
增值税=组成计税价格×增值税税率
　　　=(CIF人民币价格+关税+消费税)×增值税税率

(三)境内运费

商品到达我国境内口岸后发生的运输装卸费、保险费等进货费用不能计入境外进价。根据《会计准则》的要求,可以将在采购过程中发生的运费、装卸费等费用按照合理的分配办法计入存货成本。

三、自营进口商品核算主要账户设置

自营进口商品核算经常涉及的账户有:“银行存款——外汇存款”“其他货币资金——信用证保证金”“应付票据——应付外汇票据”“预付账款——预付外汇账款”“应付账款——应付外汇账款”“商品采购——进口商品采购”“库存商品——库存进口商品”“应交税费”等。这些账户的结构和对应账户已在之前的项目中进行了介绍,故在此不再赘述。

任务二　自营进口业务的会计处理

一、自营商品购进业务的会计处理

【例6-1】 嘉兴市澳杰公司从日本进口液晶电视200台,以FOB价格成交,国外进价为160 000美元。该公司在进行会计处理时,编制如下会计分录。

(1)接到银行传来的进口单据,经审核无误后,支付进口货款。当日外汇牌价为1美元=6.94元人民币。

借:商品采购——进口商品采购　　(US＄160 000×6.94)1 110 400

　贷:银行存款——美元户　　(US＄160 000×6.94)1 110 400

(2)根据有关运费和保险费结算清单和付款凭证,支付上一批进口液晶电视的国外运费和保险费,其计 10 000 美元。当日外汇牌价为 1 美元＝6.92 元人民币。

借:商品采购——进口商品采购　　(US＄10 000×6.92)69 200

　贷:银行存款——美元户　　(US＄10 000×6.92)69 200

(3)收到进口佣金 8 200 美元,当日外汇牌价为 1 美元＝6.92 元人民币。

借:银行存款——美元户　　(US＄8 200×6.92)56 744

　贷:商品采购——进口商品采购　　(US＄8 200×6.92)56 744

(4)计算确定应交纳进口关税和消费税(关税税率为 20%,消费税税率为 10%)。

进口关税＝关税完税价格×关税税率

＝(1 110 400＋69 200－56 744)×20%

＝224 571.20(元)

消费税＝(关税完税价格＋关税)÷(1－消费税税率)×消费税税率

＝(1 110 400＋69 200－56 744＋224 571.20)÷(1－10%)×10%

＝149 714.13(元)

借:商品采购——进口商品采购　　374 285.33

　贷:应交税费——应交进口关税　　224 571.20

　　　　　——应交进口消费税　　149 714.13

(5)计算确定应交纳关税、消费税及增值税(增值税税率为 13%)。

增值税＝(关税完税价格＋关税＋消费税)×增值税税率

＝(1 110 400＋69 200－56 744＋224 571.20＋149 714.13)×13%

＝1 497 141.33×13%

＝194 628.37(元)

借:应交税费——应交进口关税　　224 571.20

　应交税费——应交进口消费税　　149 714.13

　应交税费——应交增值税(进项税额)　　194 628.37

　贷:银行存款　　568 913.70

(6)支付进口液晶电视港务费 12 000 元,外运劳务费 8 700 元。

借:商品采购——进口商品采购　　20 700

　贷:银行存款　　20 700

(7)进口液晶电视到货,验收入库。

借:库存商品——库存进口商品　　1 517 841.33

　贷:商品采购——进口商品采购　　1 517 841.33

二、自营进口商品销售业务的核算

(一)自营进口商品销售的结算方式

自营进口商品销售是指从境外进口的商品在境内进行销售的经济业务。根据货款结算时间的不同,自营进口商品销售的结算方式可分为单到结算、货到结算和出库结算三种方式。

1. 单到结算

单到结算是以收到境外进口单据的时间作为向订货单位办理货款结算的时间。若购售双方合同约定实行单到结算的,销售方凭境外账单向订货单位开出结算凭证时作为收入的实现。单到结算具有以下两个特点:①进口商品的采购和销售几乎同时进行,进口商品一般无须入库。因而,在核算上不用"库存商品"账户来反映进口商品的进销存情况。②以收到境外进口单据的时间确认销售收入的实现。

2. 货到结算

货到结算是指由海运进口的商品,当货船到达我国港口,取得外运公司的船舶到港通知后,凭船舶到港通知单按境内同类产品的价格开出进口销售发票,向订货单位办理货款结算的方式。货到结算具有以下两个特点:①进口商品的采购和销售几乎同时进行,进口商品一般无须入库。因而,在核算上不用"库存商品"账户来反映进口商品的进销存情况。②以货物到达港口并取得到港通知时确认销售收入的实现。具体的账务处理方法与单到结算的方法相同。

3. 出库结算(购销分离)

出库结算是指外贸企业的进口商品到货后,先验收入库。出库销售时,根据销售发票办理结算,以确定销售收入的实现。

(二)自营进口商品销售核算的会计处理

1. 单到结算/货到结算

【例 6-2】 嘉兴市澳杰公司从纽约进口材料一批,共 100 吨,合同规定价 FOB 纽约港口每吨 70 美元,关税税率 10%,增值税税率 13%,对国内销售每吨 800 元(不含税),国外运费和保险费 150 美元,当日市场汇率为 1 美元=6.94 元人民币。该公司在进行会计处理时,编制如下会计分录。

(1)接到银行传来的国外单据,支付货款。

借:商品采购——进口商品采购　　(US＄70×100×6.94)48 580

　贷:银行存款——美元户　　　　(US＄70×100×6.94)48 580

(2)同时向国内用户办理货款结算。

借:应收账款——某单位　90 400

　贷:主营业务收入——自营进口销售收入　80 000

　　应交税费——应交增值税(销项税额)　10 400

(3)支付国外运费和保险费。

借:商品采购——进口商品采购　(US＄150×6.94)1 041

　贷:银行存款——美元户　(US＄150×6.94)1 041

(4)货到口岸,计算应交纳的进口关税。

进口关税=(48 580+1 041)×10%=4 962.10(元)

增值税=(48 580+1 041+4 962.1)×13%=7 095.80(元)

借:商品采购——进口商品采购　4 962.10

　贷:应交税费——应交进口关税　4 962.10

借:应交税费——应交增值税(进项税额)　7 095.80

　　　　——应交进口关税　4 962.10

　贷:银行存款　12 057.90

(5)结转进口成本。

借:主营业务成本——自营进口销售成本　54 583.10

　贷:商品采购——进口商品采购　54 583.10

2.出库结算

沿用**【例 6-2】**的资料,编制如下会计分录。

(1)接到银行传来的国外单据,支付货款。

借:商品采购——进口商品采购　(US＄70×100×6.94)48 580

　贷:银行存款——美元户　(US＄70×100×6.94)48 580

(2)支付国外运费和保险费。

借:商品采购——进口商品采购　(US＄150×6.94)1 041

　贷:银行存款——美元户　(US＄150×6.94)1 041

(3)货到口岸,计算应交纳的进口关税。

借:商品采购——进口商品采购　4 962.10

　贷:应交税费——应交进口关税　4 962.10

借:应交税费——应交增值税(进项税额)　7 095.80

　　　　——应交进口关税　4 962.10

　贷:银行存款　12 057.90

(4)商品验收入库。

借:库存商品——库存进口商品　　54 583.10

　贷:商品采购——进口商品采购　　54 583.10

(5)同时向国内用户办理货款结算。

借:应收账款——某单位　　90 400

　贷:主营业务收入——自营进口销售收入　　80 000

　　应交税费——应交增值税(销项税额)　　10 400

(6)结转进口成本。

借:主营业务成本——自营进口销售成本　　54 583.10

　贷:库存商品——库存进口商品　　54 583.10

此外,自营进口商品销售业务中还有可能发生其他业务的核算,如表6-1所示。

表6-1　自营进口商品销售其他业务核算

业务类型		主要会计分录
自营进口销售退回(单到结算方式)	用外汇垫付退还进口商品的境外运费、保险费	借:应收账款——应收外汇账款 　贷:银行存款——美元户
	将商品做进货退回处理,并向税务部门申请退还已支付的进口关税	借:应收账款——应收外汇账款 　应交税费——应交进口关税 　贷:主营业务成本——自营进口销售成本
	开出红字专用发票,做销货退回处理	借:主营业务收入——自营进口销售收入 　应交税费——应交增值税(销项税额) 　贷:应收账款——某单位
	收到境外公司退回的货款及垫付费用	借:银行存款——美元户 　财务费用——汇兑损益 　贷:应收账款——应收外汇账款
	收到税务部门退还的进口关税和增值税	借:银行存款 　贷:应交税费——应交进口关税 　　应交税费——应交增值税(进项税额)
索赔和理赔	向境内用户理赔,增加营业外支出	借:营业外支出 　贷:银行存款
	对外索赔,增加营业外收入	借:应收账款——进口索赔 　贷:营业外收入

PPT 课件

学习情境三　代理进口业务的核算

任务一　代理进口业务的内容及相关规定

一、代理进口业务的内容

视频:代理进口业务

代理进口业务(import agency business)是指受托外贸企业接受其他单位的委托,根据与委托方签订的委托代理进口合同或协议,代理委托方对外洽谈、签订并履行进口合同,办理运输、开证、付汇等,并收取一定手续费的进口业务。

收取手续费类型的代理进口业务核算具体操作时主要是和委托单位结算,其结算内容主要包括境外和境内两方面的核算:

境外核算主要有境外货款和境外运费及保险费的核算;

境内核算主要有进口税金、银行财务费用、外运劳务费和代理手续费的核算。

代理进口业务的基本流程如图 6-2 所示。

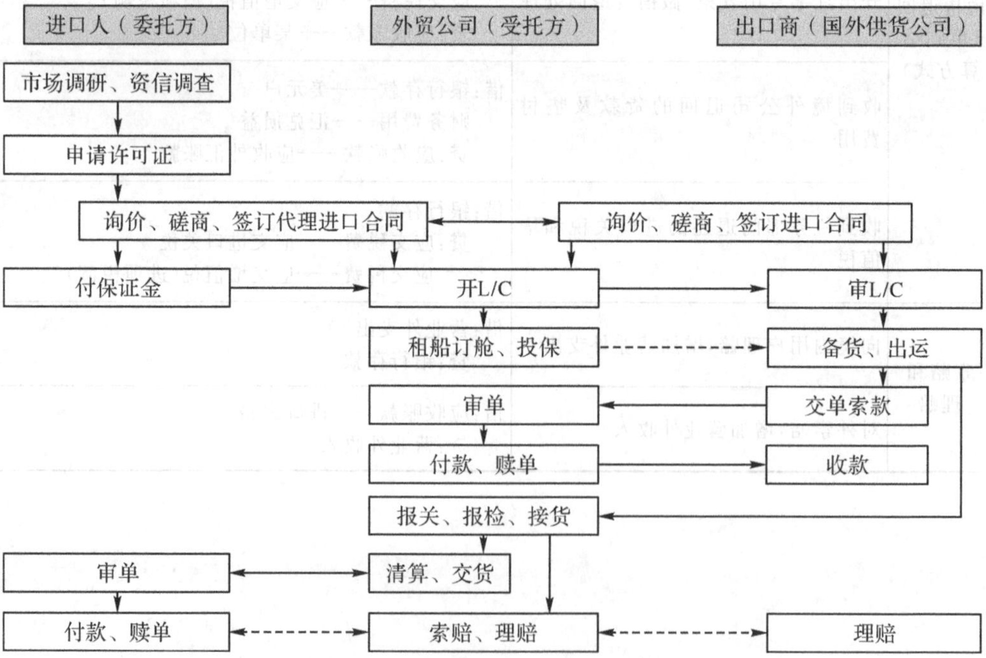

图 6-2　代理进口业务的基本流程

二、代理进口业务的相关规定

代理进口业务会计核算的最大特点是代理企业处于中介服务地位，它纯粹是接受其他企业委托，以订立代理合同形式进口。代理方应负责对外洽谈价格条款、技术条款、交货期及签订合同并办理运输、开证、付汇等全过程，如仅负责对外成交，不负责开证付款的，则均不属于代理进口。代理进口的要求有如下几点：

(1)代理企业不垫付资金。

(2)代理进口所发生的费用，一般由委托方承担境内外直接费用，包括境外运费、保险费、银行手续费、代理手续费等。受托方承担间接费用，包括开证费、电讯费等。

(3)代理企业以收取的手续费作为代理开支及盈利，一般手续费费率为1%～3%，按CIF价格计算，但目前远远低于这个比例。

(4)代理企业不承担业务盈亏，外方付的佣金、索赔款全部退给委托方。

(5)代理进口所需外汇原则上由委托方解决，如需受托方代为购汇的，则手续费由委托方负担。

三、代理进口业务核算主要账户设置

代理进口业务核算应设置的主要账户有："其他业务收入""其他业务成本""预收账款"等账户。这些账户的结构和对应账户均已在之前的项目中进行了介绍，故在此不再赘述。

任务二　代理进口业务核算的会计处理

【例6-3】 嘉兴市澳杰公司接受国内新华工厂委托代理进口材料一批，以FOB纽约价格成交，合同金额共计20 000美元，国外运费、保险费260美元，关税税率10%，增值税税率13%，银行手续费50元，外运劳务费950元，手续费费率2%，当日市场汇率为1美元＝9.20元人民币。该公司在进行会计处理时，编制如下会计分录。

(1)收到委托单位预付进口外汇20 000美元。

借：银行存款——美元户　　　　(US＄20 000×9.20)184 000

　　贷：预收账款——新华工厂　　　　(US＄20 000×9.20)184 000

(2)收到进口单证向国外支付货款。

借：预收账款——新华工厂　　　　(US＄20 000×9.20)184 000

　　贷：银行存款　　　　(US＄20 000×9.20)184 000

(3)支付代理进口商品的国外运费和保险费。

借:预收账款——新华工厂　　(US＄260×9.20)2 392

　贷:银行存款——美元户　　(US＄260×9.20)2 392

(4)计算应交代理进口商品关税。

进口关税=(184 000+2 392)×10%=18 639.20(元)

借:应交税费——应交进口关税　　18 639.20

　贷:银行存款　　18 639.20

借:预收账款——新华工厂　　18 639.20

　贷:应交税费——应交进口关税　　18 639.20

(5)计算应交代理进口商品的增值税。

增值税=(184 000+2 392+18 639.20)×13%=26 654.06(元)

借:应交税费——应交增值税(进项税额)　　26 654.06

　贷:银行存款　　26 654.06

借:预收账款——新华工厂　　26 654.06

　贷:应交税费——应交增值税(进项税额)　　26 654.06

(6)支付代理进口商品的银行手续费50元、外运劳务费950元。

借:预收账款——新华工厂　　950

　　　　——银行手续费　　50

　贷:银行存款　　1 000

(7)向委托单位结算代理费。

借:预收账款——新华工厂　　3 727.84

　贷:其他业务收入——代购代销收入　　3 727.84

(8)收到委托单位的结欠款。

借:银行存款　　52 413.10

　贷:预收账款——新华工厂　　52 413.10

学习情境四　易货贸易的核算

PPT课件

任务一　易货贸易业务的概述

一、易货贸易的相关知识

(一)易货贸易的概念

易货贸易(barter trade)是指支付结算采用以货换货的方式,即商品经过计价后进行交换,以补充现汇不足的贸易。政府间的易货贸易也称协议贸易,需要签订贸易协定与支付协定。民间的易货贸易包括补偿贸易,也可以部分现汇与部分易货相结合。

视频:易货贸易

(二)易货贸易的方式

传统的易货贸易,一般是买卖双方各以等值的货物进行交换,不涉及货币的支付,也没有第三方介入,易货双方签订一份包括相互交换抵偿货物的合同,对有关事项加以确定,其方式包括直接易货和综合易货两种。

1.直接易货

直接易货又称为一般易货。从严格的法律意义上来讲,易货就是指以货换货。这种直接易货形式,往往要求进口和出口同时成交,一笔交易一般只签订一个包括双方交付相互抵偿货物的合同,而且不涉及第三方,它是最普遍也是目前应用最广泛的易货形式。

2.综合易货

综合易货多用于两国之间根据记账或支付(清算)协定而进行的交易。由两国政府根据签订的支付协定,在双方银行互设账户,由双方银行凭装运单证进行结汇并在对方国家本行开立的账户进行记账,然后由银行按约定的期限结算。

(三)易货贸易业务的特点

易货贸易在实际做法上比较灵活,例如:在交货时间上,可以进口与出口同时成交,也可以有先有后;在支付办法上,可用现汇支付,也可以通过账户记账,从账户上相互冲抵；在成交对象上，进口对象可以是一个人，而出口对象则是由进口人指定的另一个人；等等。

二、易货贸易核算应设置的主要账户、账户结构和对应账户

(一)易货贸易核算应设置的主要账户

为了能够对易货贸易进行及时、正确的核算，应设置“商品采购”“应交税费”“库存商品”“主营业务收入”“主营业务成本”“其他应收款”和“财务费用”等账户。

(二)易货贸易核算主要账户的结构和对应账户

易货贸易核算主要账户的结构和对应账户，已在之前的项目中进行了详细的介绍，所不同的是在“商品采购”“主营业务收入”“主营业务成本”下增加了“易货贸易”这一明细科目，不难理解和掌握，因此不再赘述。

任务二　易货贸易核算主要经济业务的会计处理

【例 6-4】 嘉兴市澳杰公司与日本太平公司签订易货贸易合同，合同规定嘉兴市澳杰公司出口 4 000 吨生姜，每吨 CIF 价格为 120 美元，货款 480 000 美元；嘉兴市澳杰公司进口鱼子酱 5 000 件，每件 CIF 价格为 96 美元，货款 480 000 美元。进出口双方均采用对开信用证结算方式。

(1)3 月 1 日，嘉兴市澳杰公司向国内某生姜产地购进生姜 4 000 吨，每吨 650 元，计货款2 600 000元，增值税税额 338 000 元(增值税税率为 13%)，价税款通过银行存款结算。编制会计分录如下：

借：商品采购——国产商品采购　　2 600 000
　　应交税费——应交增值税(进项税额)　　338 000
　贷：银行存款　　2 938 000

(2)3 月 2 日，生姜验收入库。编制会计分录如下：

借：库存商品——库存出口商品　　2 600 000
　贷：商品采购——国产商品采购　　2 600 000

(3)3 月 3 日，生姜出库运往码头装船。编制会计分录如下：

借：待运和发出商品　　2 600 000
　贷：库存商品——库存出口商品　　2 600 000

(4)3 月 5 日，嘉兴市澳杰公司收到业务部门传来的易货贸易销售生姜的发票副本和银行回单，生姜 4 000 吨，每吨 CIF 价格为 120 美元，当日美元中间价为 1 美元＝9.20 元人民币。编制会计分录如下：

借:应收账款——应收外汇账款　　(US＄480 000×9.20)4 416 000

　贷:主营业务收入——易货贸易　　(US＄480 000×9.20)4 416 000

(5)3 月 5 日,同时结转易货贸易成本。编制会计分录如下:

借:主营业务成本——易货贸易　　2 600 000

　贷:待运和发出商品　　2 600 000

(6)3 月 6 日,支付易货贸易国外运费 1 800 美元,保险费 300 美元,当日美元中间价为 1 美元=9.15 元人民币,以美元存款户支付。编制会计分录如下:

借:主营业务收入——易货贸易　　(US＄1 800×9.15)16 470

　贷:银行存款——美元户　　(US＄1 800×9.15)16 470

(7)3 月 7 日,向税务机关申请退税,退税税率为 13%。编制会计分录如下:

借:其他应收款——应收出口退税　　338 000

　贷:应交税费——应交增值税(出口退税)　　338 000

(8)3 月 18 日,收到银行传来结汇水单,480 000 美元收妥结汇,银行扣除 100 美元收汇手续费,其余部分按当日美元买入价 9.12 元结汇,当日即期汇率为 1 美元=9.13 元人民币。编制会计分录如下:

借:银行存款——人民币户　　(US＄479 900×9.12)4 376 688

　财务费用——银行手续费　　(US＄100×9.13)913

　财务费用——汇兑损益　　38 399

　贷:应收账款——应收外汇账款　　(US＄480 000×9.20)4 416 000

(9)3 月 18 日,接银行传来日本太平公司全套结算单据,开列鱼子酱 5 000 件,每件 CIF 价格为 96 美元,货款 480 000 美元。进口公司审核无误,购汇支付,当日美元卖出价为 9.14 元,中间价为 9.13 元。编制会计分录如下:

借:商品采购——易货贸易　　(US＄480 000×9.13)4 382 400

　财务费用——汇兑损益　　4 800

　贷:银行存款——人民币户　　(US＄480 000×9.14)4 387 200

(10)3 月 25 日,上述物资运达我国口岸,申报应交关税税额 294 200 元,应交增值税税额 550 222 元。编制会计分录如下:

借:商品采购——易货贸易　　294 200

　应交税费——应交增值税(进项税额)　　550 222

　贷:银行存款　　844 422

(11)3 月 28 日,红森林公司将上述 5 000 件鱼子酱全部售给国内泰安公司,收到业务部门传来的有关单据,上列货款 4 200 000 元,增值税税额 546 000 元,款项已收到转账支票,存入银行。编制会计分录如下:

借:银行存款　　4 746 000

　贷:主营业务收入——易货贸易　　4 200 000

　　应交税费——应交增值税(销项税额)　　546 000

同时结转销售成本，编制会计分录如下：

借：主营业务成本——易货贸易　　　　4 676 600

　贷：商品采购——易货贸易　　　　　4 676 600

课程思政案例

项目六　案例

项目六　实验实训

一、自营进口销售业务的账务处理

2021 年 7 月，嘉兴市澳杰公司自营进口一批五金配件，并销售给国内的永嘉机械厂，根据所给的经济业务资料，计算嘉兴市澳杰公司自营进口商品的采购成本、进口佣金、进口关税、进口消费税、海关代征增值税、进口港务费、自营进口商品的销售收入等金额，并编制相关的会计分录。

(1)7 月 5 日，嘉兴市澳杰公司根据合同从美国进口五金配件一批，FOB40 000 美元。记账本位币为人民币，外币折算与兑换业务按当日即期汇率进行折算。按合同经申请用现汇开立信用证，当日市场汇率 1 美元＝6.72 元人民币。

(2)7 月 16 日，接到银行传来的国外单据时，审核无误后付款赎单。

(3)7 月 18 日，收到国外运保费单据，其中运费 15 000 美元，保险费 600 美元，当即用人民币购汇支付。当日市场汇率 1 美元＝6.72 元人民币，当日银行卖出价 1 美元＝6.74 元人民币。

(4)7 月 20 日，收到外商汇来进口商品的佣金 3 000 美元，当即结汇。当日市场汇率 1 美元＝6.72 元人民币，当日银行买入价 1 美元＝6.70 元人民币。

(5)关税税率为 20%，消费税税率为 10%，计算确定应纳进口关税和消费税。

(6)用银行存款交纳关税、消费税和海关代征的增值税。

(7)用银行存款支付国内运杂费 2 000 元。

(8)7 月 31 日，五金配件运抵企业，验收入库。

(9)将进口五金配件按协议销售给永嘉机械厂，货款 250 000 元，增值税 32 500

元，货已发出，款项尚未收到。

(10)结转已销五金配件的实际成本。

(11)收到银行的进账通知，永嘉机械厂汇来的五金配件货款 282 500 元已收妥入账。

二、代理进口商品经营业务的核算

嘉兴市澳杰公司的记账本位币为人民币，对外币交易采用交易日的即期汇率折算，该公司代理本市 A 工厂从美国进口通信器材一批，价格条件为 FOB 上海价格 25 000 美元，按 3%收取代理手续费，当日开出结算清单如表 6-2 所示。

表 6-2　结算清单

结算项目	外币/美元	人民币金额/元
进口货款	25 000(6.56)	164 000
国外运费	3 000(6.56)	19 680
国外保险费	2 000(6.56)	13 120
进口到岸价	30 000(6.56)	196 800
进口关税		14 535
银行手续费		405
代理手续费(3%)		5 904
进口增值税(13%)		27 473.5
结算金额合计		245 117.5

请根据表 6-2 编制下列会计分录：

(1)在支付国外货款同时寄出结算清单，向委托方收款。

(2)支付国外运保费。

(3)支付银行手续费。

(4)交纳进口关税与增值税。

(5)收取代理手续费。

(6)收到委托方汇来货款。

项目练习

项目六　练习

项目七　进出口货物税金的核算

主要内容导读

本项目主要设置了四个学习情境：增值税、消费税、关税和出口货物退(免)税业务的会计处理。学习情境一具体学习任务包括增值税基本内容及税率调整；学习情境二具体学习任务包括消费税的征收范围和要求；学习情境三具体学习任务包括关税的征收范围和要求；学习情境四具体学习内容包括出口货物退(免)税的企业范围和要求、应设置的主要账户及具体账务处理。

同时，为了开阔学生的视野，本项目还为学生准备了一些拓展阅读资料，如营改增的历程及出口退税的相关知识。

职业能力要求

掌握增值税的基本税率及特点；

掌握消费税的征收范围、税目及税率；

掌握关税的纳税范围、征收方法及税率；

掌握外贸企业和生产企业的出口退(免)税核算方法及账务处理。

课程思政

进出口货物税金影响进出口方的利益，是国际经济斗争与合作的一种手段，很多国际贸易互惠协定都以相互减让进口关税或给以优惠关税政策为主要内容。在学习本项目后，学生应了解“关税及贸易总协定”的相关内容，分析相关政策的利弊，寻求在国际贸易交易中的利益最大化。

情境引例

嘉兴市澳杰公司购进普通机床进货价值 3 000 000 元，增值税税率为 13%，进项税额 390 000 元，出口销售折合成人民币 5 000 000 元，退税税率为 9%。

项目任务

根据情境引例的资料，计算应退税额及应计入成本的税额，并完成相应会计分录的编制。

学习情境一　增值税的核算

PPT 课件

增值税是法国经济学家莫里斯·劳莱于 1954 年所发明的。增值税已经成为中国最主要的税种之一。增值税的收入占中国全部税收的 60%以上,是最大的税种。增值税由国家税务总局负责征收,税收收入中 50%为中央财政收入,另 50%为地方收入。进口环节的增值税由海关总署负责征收,税收收入全部为中央财政收入。

一、增值税的概念及特点

(一)增值税的概念

增值税是以商品(含应税劳务)在流转过程中产生的增值额作为计税依据而征收的一种流转税。从计税原理上说,增值税是对商品生产、流通、劳务服务中多个环节的新增价值或商品的附加值征收的一种流转税。增值税属于价外税,也就是由消费者负担,有增值才征税,没增值不征税。

视频:增值税

(二)增值税的特点

1. 以增值额为计算依据

现行的增值税只对销售额中属于本企业创造且未征税的那部分价值征税,而对销售额中由其他单位转移而来的那部分价值不再征税,从而较好地避免了重复征税。

2. 实行普遍的,多环节征收

这里的普遍是指增值税的征收范围涉及商品的生产、流通、服务等多个行业。这里的多环节是指对一种商品或劳务从生产到最终消费,每经过一道生产经营环节都要征收一次增值税。

3. 增值税属于价外税

确认时以计税价格中是否包含税款为依据,可分为价内税和价外税。税款包含在计税价格中,则为价内税,反之,则为价外税。增值税的计税依据为不含增值税税额的销售额,增值税税额不构成价格的组成部分,因此,增值税是价外税。

(三)增值税的征收范围、纳税人和税率

1. 增值税的征收范围

(1)一般范围

增值税的征税范围是:销售货物(包括销售进口货物)、提供加工及修理修配劳务。

(2)特殊项目

货物期货(包括商品期货和贵金属期货),在实物交割环节纳税;银行销售金银的业务;典当业销售死当物品业务;寄售业销售委托人寄售物品的业务;集邮商品的生产、调拨及除邮政部门以外的其他单位和个人销售集邮商品的业务。

(3)特殊行为

视同销售,即以下八种行为视同销售货物,均要征收增值税。

①将货物交由他人代销;

②代他人销售货物;

③将货物从一地移送至另一地(同一县市除外);

④将自产或委托加工的货物用于非应税项目;

⑤将自产、委托加工或购买的货物作为对其他单位的投资;

⑥将自产、委托加工或购买的货物分配给股东或投资者;

⑦将自产、委托加工的货物用于职工福利或个人消费;

⑧将自产、委托加工或购买的货物无偿赠送给他人。

(4)营改增主要涉及的征收范围

此外,增值税的征收范围还包括营业税改增值税涉及的交通运输业以及部分现代服务业。

2. 增值税的纳税人

根据《中华人民共和国增值税暂行条例》规定,“在中华人民共和国境内销售货物或者提供加工、修理修配劳务(以下简称劳务),销售服务、无形资产、不动产以及进口货物的单位和个人,为增值税的纳税人,应当按照本条例缴纳增值税”。具体征收管理时,增值税的纳税人可分为一般纳税人和小规模纳税人两类。

一般纳税人是指年应征增值税的销售额超过税法规定的小规模纳税人标准的企业和企业性单位。一般纳税人由税务机关认定。

小规模纳税人是指从事货物生产或者提供应税劳务的纳税人,以及以从事货物生产或者提供应税劳务为主,并兼营货物批发或者零售的纳税人,年应税销售额在 50 万元以下(含 50 万元)的企业和企业性单位。其中,“以从事货物生产或者提供应税劳务为主”是指纳税人的年货物生产或者提供应税劳务的销售额占应税销

售额的比重在50%以上。

对上述规定以外的纳税人，年应税销售额在80万元以下(含80万元)，年应税销售额超过小规模纳税人标准的其他个人按小规模纳税人纳税。非企业性单位、不经常发生应税行为的企业可选择按小规模纳税人纳税。

年应征增值税的销售额在税法规定的标准以下的纳税人，一般是指从事货物生产或提供应税劳务的纳税人，以及以从事货物生产或提供应税劳务为主，兼营货物批发或零售的纳税人，年销售额在100万元以下的；从事货物批发或零售的纳税人，年销售额在180万元以下的。

3. 增值税税率与征收率

根据应税行为一共可分为13%、9%、6%三档税率及5%、3%两档征收率，对出口货物实施零税率。自2019年4月1日起，中国下调进口货物增值税税率。

(1)增值税税率。我国现行增值税属于比例税率，基本税率为13%，根据应税行为一共可分为13%、9%、6%三档。

(2)增值税征收率。增值税征收率是指对特定的货物或特定的纳税人销售的货物、应税劳务在某一生产流通环节应纳税额与销售额的比率。采用征收率计税的，不得抵扣进项税额。目前，实行5%、3%两档征收率。自2014年7月1日起，小规模纳税人增值税征收率一律调整为3%，但营改增的部分特殊项目，仍适用5%的征收率。

二、增值税税率

(一)基本税率

纳税人销售或者进口货物，除以下第二、第三项规定外，税率均为13%。提供加工、修理修配劳务的，税率也为13%，这一税率就是通常所说的基本税率。

(二)低税率

纳税人销售或者进口下列货物的，税率为9%。这一税率即通常所说的低税率。

(1)粮食、食用植物油。

(2)自来水、暖气、冷气、热水、煤气、石油液化气、天然气、沼气、居民用煤炭制品。

(3)图书、报纸、杂志。

(4)饲料、化肥、农药、农机、农膜。

(5)农业产品。

(6)金属矿采选产品。

(7)非金属矿采选产品。

(8)音像制品和电子出版物。

(9)二甲醚、盐。

(10)国务院规定的其他货物。

(三)零税率

纳税人出口货物,税率为零;但是,国务院另有规定的除外。

(四)其他规定

纳税人兼营不同税率的项目,应当分别核算不同税率项目的销售额;未分别核算销售额的,从高适用税率。

纳税人销售不同税率货物或应税劳务,并兼营应属一并征收增值税的非应税劳务的,其非应税劳务应从高适用税率。

(五)营改增内容

营业税改增值税简称营改增,是指以前缴纳营业税的应税项目改成缴纳增值税。

1. 营改增的范围

营改增主要涉及的范围是交通运输业以及部分现代服务业。交通运输业包括陆路运输、水路运输、航空运输、管道运输;现代服务业包括研发技术服务、信息技术服务、文化创意服务、物流辅助服务、有形动产租赁服务、鉴证咨询服务等。

2. 营改增的税率档次

营改增之后,原来缴纳营业税的改交增值税,在当时增值税 17%和 13%两档税率的基础上,新增设 11%和 6%两档低税率,分别适用于交通运输业和部分现代服务业。2019 年 4 月 1 日后,交通运输业税率由 11%降为 9%,现代服务业增值税税率保持不变,依然为 6%。

3. 营改增的特点

营改增的最大特点是减少重复征税,可以促使社会形成良性循环,有利于企业降低税负。营改增可以算是一种减税的政策。在经济下行压力较大的情况下,全面实施营改增,可以促进有效投资带动供给,以供给带动需求。对企业来讲,如果提高了盈利能力,就有可能进一步推进转型发展。每个个体企业的转型升级,无疑将实现产业乃至整个经济体的结构性改革,这也是推动结构性改革尤其是供给侧结构性改革和积极财政政策的重要内容。

营改增解决了营业税重复征收、不能抵扣、不能退税的问题，实现了增值税“道道征税，层层抵扣”的目的，能有效降低企业税负。更重要的是，营改增改变了市场经济交往中的价格体系，把营业税的“价内税”变成了增值税的“价外税”，形成了增值税进项和销项的抵扣关系，这将从深层次上影响产业结构的调整及企业的内部架构。

三、增值税税率调整

增值税是以单位和个人生产经营过程中取得的增值额为课税对象征收的一种税。增值税已经成为我国最主要的税种之一。近年来，为完善税制，优惠民生，增值税的税率（除零税率外）经历了一个2档到4档，4档到3档的历程，且税率不断下调，给纳税人带来了实实在在的红利。

（一）二档税率

自1994年1月1日起，根据《中华人民共和国增值税暂行条例》（国务院令〔1993〕第134号）规定，销售或者进口货物、劳务的税率为17％，销售或者进口特定货物税率为13％。

（二）四档税率

2012年，在上海试点营业税改征增值税工作，经国务院批准，自2016年5月1日起，在全国范围内全面推开“营改增”试点。根据《财政部 国家税务总局关于全面推开营业税改征增值税试点的通知》（财税〔2016〕36号）规定，增值税为四档税率：17％、13％、11％、6％。

（三）三档税率

2017年7月1日，根据《财政部 国家税务总局关于简并增值税税率有关政策的通知》（财税〔2017〕37号）规定，取消13％的增值税税率，为降低税负，增值税税率变为17％、11％、6％三档。

（四）税率下调

2018年5月1日，根据《财政部 税务总局关于调整增值税税率的通知》（财税〔2018〕32号）规定，“纳税人发生增值税应税销售行为或者进口货物，原适用17％和11％税率的，税率分别调整为16％、10％”。即将制造业等行业增值税税率从17％降至16％，将交通运输、建筑、基础电信服务等行业及农产品等货物的增值税税率从11％降至10％。

2019年4月1日，根据《财政部 税务总局 海关总署关于深化增值税改革有关政策的公告》(财政部 税务总局 海关总署公告2019年第39号)规定，“增值税一般纳税人发生增值税应税销售行为或者进口货物，原适用16%税率的，税率调整为13%；原适用10%税率的，税率调整为9%”。即将制造业等行业16%的税率降至13%，将交通运输业、建筑业等行业10%的税率降至9%；保持6%一档的税率不变，同时，下调进口货物增值税税率，减轻进口企业和消费者税负，进一步激发市场活力。

知识拓展：营改增的历程

PPT课件

学习情境二　消费税的核算

消费税是1994年税制改革在流转税中新设置的一个税种，是典型的间接税，实行价内税，只在应税消费品的生产、委托加工和进口环节交纳，在以后的批发、零售等环节，因为价款中已包含消费税，所以不用再交纳消费税，税款最终由消费者承担。

一、消费税的概念和特点

(一)消费税的概念

视频：消费税

消费税(consumption tax/excise duty)(特种货物及劳务税)是以特定消费品的流转额作为征税对象的各种税收的统称，是对特定货物与劳务征收的一种间接税，属于流转税的范畴。在对货物普遍征收增值税的基础上，选择部分消费品再征收一道消费税，目的是调节产品结构，引导正确的消费方向，保证国家财政收入。

(二)消费税的特点

1. 征收对象的选择性

我国消费税的征收对象虽然是消费品，但不是对所有的消费品都需要征收消费税，只是选择了一部分特殊消费品、奢侈品、高能耗消费品和不可再生的稀缺资源消费品等作为征收范围。

2. 征税环节的单一性

消费税只是在生产(进口)、流通或消费的某一环节征收,而不是在消费品生产、流通或消费的每个环节多次征收,即通常所说的一次课征制。

3. 适用税率的差别性

消费税既有从价定率征收,又有从量定额征收,甚至还可以对应税消费品采取从价定率和从量定额相结合的复合计税办法征收,且比例税率差别较大,最高为56%,最低则为1%。

4. 税收负担的转嫁性

消费税是一种价内税,无论在哪一个环节征收,消费品售价中所含的消费税税额最终都要转嫁到最终消费者身上。

二、消费税的征收范围

消费税是对在中国境内从事生产和进口税法规定的应税消费品的单位和个人征收的一种流转税,是对特定的消费品和消费行为在特定环节征收的一种间接税。

(一)消费税的纳税人

消费税的纳税人是我国境内生产、委托加工、零售和进口应税消费品的单位和个人。具体包括:

在我国境内生产、委托加工、零售和进口应税消费品的国有企业、集体企业、私有企业、股份制企业、其他企业、行政单位、事业单位、军事单位、社会团体和其他单位、个体经营者及其他个人。

(二)消费税的征收范围

我国现行消费税的征收范围为生产、委托加工和进口应税消费品。主要包括以下几个方面:

(1)一些过度消费会对身体健康、社会秩序、生态环境等方面造成危害的特殊消费品,如烟、酒、鞭炮和焰火。

(2)奢侈品和非生活必需品,如贵重首饰及珠宝玉石、化妆品。

(3)高能耗及高档消费品,如摩托车、小汽车。

(4)不可再生和替代的石油类消费品,如成品油。

(5)具有一定财政意义的消费品,如汽车轮胎。这类消费品税基宽广、消费普遍,对其征收消费税既不会影响居民基本生活,又有利于保证财政收入的稳定。

三、消费税的税目和税率

(一)消费税税目

消费税对所列举的应税消费品征税。《中华人民共和国消费税暂行条例》共设置了烟、酒及酒精、成品油、小汽车、摩托车、汽车轮胎、化妆品、贵重首饰及珠宝玉石、高尔夫球及球具、高档手表、游艇、鞭炮及焰火、木制一次性筷子、实木地板等15个基本税目,在其中的3个税目下又设置了13个子目,列举了25个征税项目。

(二)消费税税率

消费税的税率,有两种形式:一种是比例税率;另一种是定额税率,即单位税额。消费税税率形式的选择,主要是根据课税对象情况来确定,对一些供求基本平衡,价格差异不大,计量单位规范的消费品,选择计税简单的定额税率,如黄酒、啤酒、成品油等;对一些供求矛盾突出、价格差异较大,计量单位不规范的消费品,选择税价联动的比例税率,如烟、白酒、化妆品、护肤护发品、鞭炮、汽车轮胎、贵重首饰及珠宝玉石、摩托车、小汽车等。一般情况下,对一种消费品只选择一种税率形式,但为了更好地保全消费税税基,对一些应税消费品,如卷烟、白酒,则采用定额税率和比例税率双重征收的形式。

消费税的15个基本税目中,共有13个档次的税率。自2008年9月1日起,排气量在1.0升(含1.0升)以下的乘坐用车,税率由3%下调至1%;自2009年5月1日起,甲类香烟的消费税从价税率由原来的45%调整至56%,另外,卷烟批发环节还加征了一道从价税,税率为5%。因此,消费税的税率最高为56%,最低为1%。消费税税目税率,如表7-1所示。

表7-1 消费税税目税率表(2016年版)

税目	税率
一、烟	
1.卷烟	
(1)甲类卷烟	56%加0.003元/支
(2)乙类卷烟	36%加0.003元/支
(3)批发环节	11%+0.005元/支
2.雪茄烟	36%
3.烟丝	30%

续表

税　目	税　率
二、酒及酒精	
1.白酒	20%加0.5元/500克(或者500毫升)
2.黄酒	240元/吨
3.啤酒	
(1)甲类啤酒	250元/吨
(2)乙类啤酒	220元/吨
4.其他酒	10%
三、高档化妆品	15%
四、贵重首饰及珠宝玉石	
1.金银首饰、铂金首饰和钻石及钻石饰品	5%
2.其他贵重首饰和珠宝玉石	10%
五、鞭炮、焰火	15%
六、成品油	
1.汽油	1.52元/升
2.柴油	1.20元/升
3.航空煤油	1.20元/升
4.石脑油	1.52元/升
5.溶剂油	1.52元/升
6.润滑油	1.52元/升
7.燃料油	1.20元/升
七、摩托车	
1.气缸容量(排气量,下同)在250毫升以下的	3%
2.气缸容量在250毫升(不含)以上的	10%
八、小汽车	
1.乘坐用车	
(1)气缸容量(排气量,下同)在1.0升(含1.0升)以下的	1%
(2)气缸容量在1.0升以上至1.5升(含1.5升)的	3%
(3)气缸容量在1.5升以上至2.0升(含2.0升)的	5%
(4)气缸容量在2.0升以上至2.5升(含2.5升)的	9%
(5)气缸容量在2.5升以上至3.0升(含3.0升)的	12%
(6)气缸容量在3.0升以上至4.0升(含4.0升)的	25%
(7)气缸容量在4.0升以上的	40%
2.中轻型商用客车	5%
3.超豪华小汽车[每辆零售价格130万元(不含增值税)及以上的乘坐用车和中轻型商用客车]	10%
九、高尔夫球及球具	10%
十、高档手表	20%
十一、游艇	10%
十二、木制一次性筷子	5%
十三、实木地板	5%

续表

税目	税率
十四、涂料	4%
十五、电池	4%

四、消费税应纳税额的计算

(一)消费税的计税依据

消费税的计税依据分别采用从价、从量和复合三种方法。实行从价定率办法征税的应税消费品,计税依据为应税消费品的销售额。实行从量定额办法计税时,通常以每单位应税消费品的重量、容积或数量为计税依据。实行复合计税办法征税时,通常以应税消费品的销售额和每单位应税消费品的重量、容积或数量一起作为计税依据。

(二)计税方法

1. 从价计税

应纳税额=应税消费品销售额或组成计税价格×适用税率

2. 从量计税

应纳税额=应税消费品销售数量×适用税额标准

3. 复合计税

应纳税额=应税消费品销售额或组成计税价格×适用税率
+应税消费品销售数量×适用税额标准

4. 自产自用应税消费品

(1)用于连续生产应税消费品的,不纳税。

(2)用于其他方面的:有同类消费品销售价格的,按照纳税人生产的同类消费品销售价格计算纳税;没有同类消费品销售价格的,按组成计税价格计算纳税。

组成计税价格=(材料成本+利润)÷(1－消费税税率)
应纳税额=组成计税价格×适用税率

5. 委托加工应税消费品,由受托方交货时代扣代缴消费税

委托加工应税消费品,按照受托方的同类消费品销售价格计算纳税,没有同类消费品销售价格的,按组成计税价格计算纳税。

组成计税价格＝(材料成本＋加工费)÷(1－消费税税率)

应纳税额＝组成计税价格×适用税率

6.进口应税消费品,按照组成计税价格计算纳税

组成计税价格＝(关税完税价格＋关税)÷(1－消费税税率)

应纳税额＝组成计税价格×消费税税率

7.零售金银首饰消费品计税

零售金银首饰的纳税人在计税时,应将含税的销售额换算为不含增值税税额的销售额。

金银首饰的应税销售额＝含增值税的销售额÷(1＋增值税税率或征收率)

组成计税价格＝购进原价×(1＋利润率)÷(1－金银首饰消费税税率)

应纳税额＝组成计税价格×金银首饰消费税税率

此外,对于生产、批发、零售单位用于馈赠、赞助、集资、广告、样品、职工福利、奖励等方面或未分别核算销售的按照组成计税价格计算纳税。

学习情境三　关税的核算

PPT 课件

在国际贸易领域,关税这个词是世界关注的焦点。通常所称的关税主要是指进口关税,各国已不使用过境关税这一说法,出口税也很少使用。征收进口关税会增加进口货物的成本,提高进口货物的市场价格,影响外国货物进口数量。因此,各国都以征收进口关税作为限制外国货物进口的一种手段。适当的使用进口关税既可以保护本国工农业生产,也可以作为一种经济杠杆调节本国的生产和经济的发展。

一、关税的含义、特点和作用

(一)关税的含义

关税是指一国(地区)海关根据该国法律规定,对通过其关境的进出口货物征收的一种税收。关税在各国一般属于国家最高行政单位指定税率的高级税种。对于对外贸易发达的国家而言,关税往往是国家税收乃至国家财政的主要收入。政府虽然对进出口商品都可征收关税,但进口关税最为重要,是主要的贸易措施。

视频:关税

(二)关税的特点

关税也是一种间接税,其征税的对象是进出口货物和物品,税额是由进出口商先行支付,最终在商品销售时追加到进出口商品上,转嫁给消费者。其特点主要有强制性、无偿性和预定性。

1. 强制性

强制性是指关税由海关凭借国家权力依法强制征收,纳税人必须无条件履行纳税义务。

2. 无偿性

无偿性是指海关代表国家征收关税后,无须给予纳税人任何补偿。

3. 预定性

预定性是指国家通过有关法律事先规定征税对象和税率,海关和纳税人不得随意变化和减免。

(三)关税的作用

关税作为对外贸易政策执行的重要手段,对国民经济会产生极大影响。具体来看,可以起到以下作用。

1. 增加财政收入

海关征收关税后即上缴国库,成为国家财政收入。随着社会经济的发展及贸易自由化的推进,关税在财政收入中的比重和作用逐渐降低。现在有少数财政极为困难的发展中国家,仍把关税作为财政收入的重要来源。

2. 保护国内产业和国内市场

进口关税通过增加进口商品的成本,提高进口商品的价格,削弱其在进口国国内市场的竞争力,从而减少进口商品的销售数量,以达到保护本国同类产业或相关产业的生产和市场的目的。对出口商品征收关税,可以抑制这些商品的输出,防止本国稀缺资源的大量流失,保证本国市场的供应。目前,关税措施是世界贸易组织允许各成员方使用的保护自身产业的重要政策性工具。

3. 调节进出口商品结构和国内经济

关税税率的高低和减免可以直接影响一国(地区)的对外贸易规模与结构。进出口商品的种类和数量在关税的调解下可以有效地保持市场供求平衡,稳定国内市场价格,保持国际收支平衡。

4. 关税还是进行国际经济斗争和政治斗争的手段

主权国家可以运用关税来调整本国和其他国家的经济贸易，从而影响政治关系。通过优惠关税，可以促进友好贸易往来，改善国际关系；通过设置关税壁垒和差别歧视待遇可以限制从对方国家进口，并在对外谈判中施加压力，迫使对方让步。

知识卡片：关税壁垒

关税壁垒亦称"关税战"，以高额关税作为限制商品进口的一种措施。对外国商品征收高额进口关税，以提高其成本和削弱其竞争能力，从而达到限制这些商品进口，保护本国产品在国内市场上竞争优势的目的。因其像高墙壁垒一样把国外商品挡在墙外，从而把国内市场保护起来，故而得名。20 世纪 30 年代，资本主义世界经济危机时期，各国普遍高筑关税壁垒。第二次世界大战后，在"关税及贸易总协定"主持下，经过多次谈判，关税水平已大幅下降，但关税壁垒仍不失为资本主义国家贸易保护的重要措施之一。在某些情况下，关税壁垒也是迫使对方国家降低关税的有力手段。在关系交恶的国家之间，有的关税带有明显的歧视性和报复性。

无论是发达国家还是发展中国家，都不能把"关税"和"关税壁垒"等同起来。我们通常所讲的关税壁垒，指的是高额进口税以及在关税设定、计税方式及关税管理等方面阻碍进口的做法。按照商务部《投资贸易壁垒指南》，常见的关税壁垒有以下几种形式：关税高峰、关税升级、关税配额、从量关税、从价关税。

二、关税的征收范围、纳税人及征收方法

（一）关税的纳税范围

关税的纳税范围（对象）是指进出我国国境的货物和物品。货物是指贸易性商品；物品包括入境旅客随身携带的行李和物品、个人邮递物品，各种运输工具上的服务人员携带进口的自用物品、馈赠物品，以及通过其他方式进入我国国境的个人物品。

（二）关税的纳税人

进口货物的收货人、出口货物的发货人、进出境物品的所有人，是关税的纳税义务人。

贸易性商品的纳税人是经营进口货物的收货人、出口货物的发货人。具体包括：外贸进出口公司、工贸或农贸结合的进出口公司、其他经批准经营进出口商品的企业。

进出境物品的所有人包括：入境旅客随身携带的行李物品的持有人；各种运输工具上服务人员入境时携带自用物品的持有人；馈赠物品及以其他方式入境的个人物品的所有人；进口个人邮件的收件人。

(三)关税征收方法

1. 从价关税

从价关税是依照进出口货物的价格作为标准征收的关税。其计算公式为：

从价税额＝商品总价×从价税率

2. 从量关税

从量关税是依照进出口货物数量的计量单位(如“吨”“箱”“百个”等)征收的定量关税。其计算公式为：

从量税额＝商品数量×每单位从量税

3. 混合关税

混合关税是依各种需要对进出口货物进行从价、从量的混合征税。

4. 选择关税

选择关税指对同一种货物在税则中规定有从量、从价两种关税税率，在征税时选择征税额较多的一种关税，也可选择征税额较少的一种为计税标准计征。

5. 滑动关税

滑动关税税率是指随着进口商品价格由高到低而由低到高设置的关税。它可以起到稳定进口商品价格的作用。

三、关税的计算

关税的征税基础是关税完税价格。进口货物以海关审定的成交价值为基础的到岸价格为关税完税价格；出口货物以该货物销售与境外的离岸价格减去出口税后，经过海关审查确定的价格为完税价格。

(一)进口货物关税完税价格

1. FOB 价格

以 FOB 价格成交的，应另加从发货口岸到我国口岸以前的运杂费和保险费作为关税完税价格。关税完税价格计算公式为：

关税完税价格＝FOB 价格＋运杂费＋保险费

或 关税完税价格＝(FOB 价格＋运杂费)÷(1－保险费费率)

2. CFR 价格

以 CFR 价格(成本加运费)成交的，应另加保险费作为关税完税价格。关税完税价格计算公式为：

关税完税价格＝CFR 价格÷(1－保险费费率)

3. CIF 价格

以 CIF 价格(成本加运费、保险费)成交的，则该成交价格就是关税完税价格。关税完税价格计算公式为：

关税完税价格＝CIF 价格

(二)出口货物关税完税价格

出口货物以海关审定的成交价格为基础的售予境外的 FOB 价格，扣除出口关税后作为完税价格。

若出口货物成交价格中含有支付给境外的佣金，如与货物的 FOB 价格分列，则应予以扣除；如未单独列明的，则不予扣除。

出口货物的 FOB 价格，应以该项货物运离关境前的最后一个口岸的 FOB 价格为实际 FOB 价格。

(三)关税税率

1. 进口关税税率

国家对国内不能生产或供应不足的生活必需品和生产资料实行低税率或免税政策；对国内已能生产或非国计民生必需品，实行较高的关税税率，以限制其进口。进口关税税率共分 21 类，详细内容见《中华人民共和国进出口税则(2021)》。

2. 出口关税税率

国家为了发展出口贸易，保护国内资源，优化出口商品结构，除了对需要限制出口的极少数原材料及半成品等35种商品征收出口关税外，其余绝大多数商品都免征出口关税，出口关税税率为20%～50%。

知识拓展：《中华人民共和国进出口税则(2021)》

PPT课件

学习情景四　出口货物退(免)税的核算

出口货物退(免)税是国际贸易中经常采用并为世界各国所普遍接受的、目的在于鼓励各国出口货物公平竞争的一种税收措施。各国的出口货物退(免)税制度是基于国际贸易规则体系和本国税收法律、法规的框架建立的。《中华人民共和国增值税暂行条例》第二条第四款规定："纳税人出口货物，税率为零。"《中华人民共和国消费税暂行条例》第十一条规定："对纳税人出口应税消费品，免征消费税。"

任务一　出口货物退(免)税的范围及税率

视频：出口退税

出口货物退(免)税是指在国际贸易中，对报关出口的货物退还在国内各生产环节和流转环节按税法规定已交纳的增值税和消费税，或免征应交纳的增值税和消费税。

一、出口货物退(免)税的企业范围

我国现行享受出口货物退(免)税的企业主要有：一是经国家商务主管部门及其授权单位备案登记后赋予出口经营资格的外贸企业；二是经国家商务主管部门及其授权单位备案登记后赋予出口经营资格的自营生产型企业和生产型集团；三是外商投资企业；四是委托外贸企业代理出口的企业，包括委托外贸企业代理出口的有进口经营权的外贸企业和委托外贸企业代理出口的无进口经营权的内资生产企业；五是特准退(免)税企业。

二、出口退(免)税的货物范围

我国享受出口退(免)税的货物以海关报关出口的增值税、消费税应税货物为主要对象,对一些非海关报关出口的特定货物也实行退(免)税政策。

(一)一般退(免)税货物范围

对出口的凡属于已征或应征增值税、消费税的货物,除国家明确规定不予退(免)税的货物和出口企业从小规模纳税人购进并持普通发票的部分货物外,都属于出口货物退(免)税的货物范围。享受一般退(免)税的出口货物应具备以下四个条件:一是必须是增值税、消费税征税范围的货物;二是必须是报关离境的货物;三是必须是财务上做销售处理的货物;四是必须是出口收汇并已核销的货物。此外,若为生产企业出口或代理出口,享受退(免)税政策的货物还必须是自产货物或视同自产货物的外购货物。

(二)特准退(免)税货物范围

特准退(免)税货物是指虽然不具备一般退(免)税货物的四个条件,但由于其销售环节、消费环节、结算办法等的特殊性,国家特准退还或免征增值税、消费税的货物。目前主要有:对外承包工程公司运出境外用于对外承包项目的货物;对外承接修理修配业务的企业用于对外修理修配的货物;外轮供应公司、远洋运输供应公司销售给外轮、远洋国轮而收取外汇的货物;利用国际金融组织或外国政府贷款采取国际招标方式由国内企业中标销售的机电产品;企业在境内采购并运往境外作为在境外投资的货物;对境外带料加工装配业务使用的出境设备、原材料和散件;外国驻华使(领)馆及其人员在华购买的物品和劳务;保税区内企业从区外有进出口经营权的企业购进的货物,保税区内企业将这部分货物出口或加工后再出口的货物;保税区外的出口企业委托保税区内仓储企业仓储并代理报关离境的货物;销往出口加工区的货物;出口的旧设备等。

(三)出口免税货物的范围

出口免税货物指按税法规定实行免税不退税办法的出口货物,主要有来料加工复出口货物、小规模纳税人出口货物、避孕药品和用具、古旧图书、花生果仁、油画、雕饰板、邮票、印花税票等。

出口享受免征增值税的货物,其耗用的原材料、零部件等支付的进项税额,不能从内销货物的销项税额中抵扣,应计入产品成本处理。

(四)不予退(免)税的货物范围

不予退(免)税的货物是指税法列明的不能享受出口退(免)税政策的出口货物,目前,主要有原油、木材、纸浆、山羊绒、鳗鱼苗、稀土金属矿、磷矿石、天然石墨等货物。

三、出口退税率

出口退税率是指出口产品应退税额与计算退税的价格比例。

(一)增值税出口退税率调整

自 2018 年增值税税率调整以来,增值税出口退税率也做了相应的调整。

财政部、国家税务总局 2018 年 10 月 25 日联合发布通知,明确为进一步简化税制、完善出口退税政策,对部分产品增值税出口退税率进行调整,并自 2018 年 11 月 1 日起执行。通知规定,将相纸胶卷、塑料制品、竹地板、草藤编织品、钢化安全玻璃、灯具等产品出口退税率提高至 16%;将润滑剂、航空器用轮胎、碳纤维、部分金属制品等产品出口退税率提高至 13%;将部分农产品、砖、瓦、玻璃纤维等产品出口退税率提高至 10%;取消豆粕出口退税。

2020 年 3 月 17 日,财政部、国家税务总局发布公告称,自 2020 年 3 月 20 日起,将瓷制卫生器具等 1084 项产品出口退税率提高至 13%,将植物生长调节剂等 380 项产品出口退税率提高至 9%。

适用不同退税率的货物、劳务、跨境应税行为,应分开报关、核算并申报退税,未分开的或划分不清的,从低适用退税率。

目前,我国现行增值税出口退税率为 13%、10%、9%、6%和 0,共五档。

(二)消费税出口退税率

出口货物应退消费税的退税率与其征税率相同,即出口货物的消费税能够做到彻底退税。办理出口货物退(免)税的企业,应将不同税率的出口应税消费品分开核算和申报,凡是因未分开核算而划分不清适用税率的,一律从低适用税率计算免(退)税额。

任务二　外贸企业退(免)税

一、外贸企业消费税出口退税

外贸企业出口应税消费品时，满足退税条件的，应按照其购进出口货物的增值税专用发票注明的商品金额结合出口该商品的消费税税率计算出口退税额，其中，消费税税率可根据消费税税目、税率表具体查询得到。具体计算公式如下：

视频：外贸企业退(免)税核算

消费税应退税额＝出口购进货物增值税专用发票金额×出口货物消费税税率

二、外贸企业增值税出口退税

(一)库存商品成本和销售成本单独确认的会计处理

进出口企业的进出口货物凡单独设立库存账和销售账的，当其货物出口销售后，依其购入货物的《增值税专用发票(抵扣联)》和《税收(出口货物专用)缴款书》所注明的“进项税额”计算退税额。其计算公式为：

应退税额＝增值税发票货物价值×适用退税率

应计入成本的税额＝增值税发票进项税额－应退税额

【例 7-1】 嘉兴市澳杰公司自营出口普通机床，该机床购进时取得的增值税专用发票上注明价款为 500 000 元，增值税进项税额为 65 000 元。该批商品均已报关出口，并已向主管税务机关办理出口退税手续。收到销货款 100 000 美元，报关出口当日美元对人民币汇率为 1∶7.2。该商品的出口退税率为 9%。购销款项均已通过银行存款收付。该公司在进行会计处理时，编制如下会计分录。

(1)购入机床付款时：

借：物资采购——出口普通机床　　500 000

　　应交税费——应交增值税(进项税额)　　65 000

　　贷：银行存款　　565 000

(2)机床验收入库时：

借：库存商品——出口普通机床　　500 000

　　贷：物资采购——出口普通机床　　500 000

(3)收到外销款项时：

借：银行存款——美元户　　(US＄100 000×7.2)720 000

　　贷：主营业务收入　　720 000

(4)结转销售成本时:

借:主营业务成本 500 000

贷:库存商品——出口普通机床 500 000

(5)确认应计入成本的税额时:

不得抵扣和退税的税额=65 000－500 000×9%=20 000(元)

借:主营业务成本 20 000

贷:应交税费——应交增值税(进项税额转出) 20 000

(6)确认应退税款时:

应退出口税款=500 000×9%=45 000(元)

借:其他应收款——应收出口退税 45 000

贷:应交税费——应交增值税(出口退税) 45 000

(7)收到出口退税款时:

借:银行存款 45 000

贷:其他应收款——应收出口退税 45 000

(二)库存和销售成本采用加权平均价格核算的会计处理

库存出口货物采用加权平均价格核算的企业,应按下列公式确定应退税款:

退税计算依据=出口货物数量×加权平均购进单价

应退税款=退税计算依据×适用退税率

应计入成本的税额=出口货物数量×加权平均购进单价×征税率－应退税额

【例 7-2】 嘉兴市澳杰公司对小五金的购进和销售采用加权平均单价核算。该公司1月初结余小五金600件,单价15元。3日购进150件,单价16元;12日购进350件,单价18元;20日购进200件,单价17元。25日出口1 000件。该商品增值税税率为13%,出口退税率为9%。该公司在进行会计处理时,编制如下会计分录。

小五金平均单价=(600×15+150×16+350×18+200×17)

÷(600+150+350+200)

=16.23(元)

出口小五金应退税款=1 000×16.23×9%=1 460.70(元)

应计入成本的税款=1 000×16.23×(13%－9%)=649.20(元)

(1)申报退税时:

借:其他应收款——应收出口退税 1 460.70

贷:应交税费——应交增值税(出口退税) 1 460.70

(2)确认应计入成本的税额时:

借:主营业务成本——自营出口销售成本 649.20

贷:应交税费——应交增值税(进项税额转出) 649.20

(3)收到出口退税款时:

借:银行存款 1 460.70

贷:其他应收款——应收出口退税 1 460.70

任务三 生产型企业出口退(免)税

一、生产型企业消费税出口退(免)税

有出口经营权的生产型企业自营出口货物或生产企业委托外贸企业代理出口自产的应税消费品,依据实际出口数量免征消费税,不予办理退还消费税。

二、生产型企业增值税出口退(免)税

生产企业出口自产货物和视同自产货物及对外提供加工修理修配劳务,以及列明生产企业出口非自产货物,免征增值税,相应的进项税额抵减应纳增值税额(不包括适用增值税即征即退、先征后退政策的应纳增值税额),未抵减完的部分予以退还。

(一)免抵退税的核算

"免、抵、退"法主要适用于自营和委托出口自产货物的生产企业。"免"税,是指对出口的自产货物,免征本企业生产销售环节增值税;"抵"税,是指出口自产货物所耗用的原材料、零部件、燃料、动力等所含应予退还的进项税额,抵顶内销货物的应纳税额;"退"税,是指出口的自产货物在当月内应抵扣的进项税额大于应纳税额时,对未抵扣完的部分予以退税。

1.当期应纳税额的计算

当期应纳税额=当期内销货物的销项税额

−(当期进项税额−当期免抵退税不得免征和抵扣税额)

2.免抵退税额的计算

免抵退税额=当期出口货物离岸价×外汇人民币牌价×出口货物退税率

−免抵退税额抵减额

其中:

(1)出口货物离岸价(FOB)以出口发票计算的离岸价为准。

(2)免抵退税额抵减额等于免税购进原材料价格乘以出口货物退税率。

免税购进原材料包括从境内购进免税原材料和进料加工免税进口料件，其中，进料加工免税进口料件的价格为组成计税价格。其计算公式为：

进料加工免税进口料件的组成计税价格
＝货物到岸价＋海关实征关税＋海关实征消费税

3.当期应退税额和免抵税额的计算

(1)如当期期末留抵税额≤当期免抵退税额，则：

当期应退税额＝当期期末留抵税额
当期免抵税额＝当期免抵退税额－当期应退税额

(2)如当期期末留抵税额＞当期免抵退税额，则：

当期应退税额＝当期免抵退税额
当期免抵税额＝0

当期期末留抵税额根据当期增值税纳税申报表中“期末留抵税额”确定。

4.免抵退税不得免征和抵扣税额的计算

在出口货物征税率与退税率不一致的情况下，计算不予退税和不予抵扣的税额。这部分税额在会计上应做进项税额转出处理。

免抵退税不得免征和抵扣税额＝当期出口货物离岸价×外汇人民币牌价
×(出口货物征税率－出口货物退税率)
－免抵退税不得免征和抵扣税额抵减额

免抵退税不得免征和抵扣税额抵减额＝免税购进原材料价格
×(出口货物征税率－出口货物退税率)

综上所述，免抵退税额计算过程如下：

(1)当期应纳税额(A)＝内销销项税－(内销进项税－不得免抵退税额)
－上期留抵税额

(2)不得免抵税额(B)＝(FOB价格×外汇牌价－免税购料价)
×(征税率－退税率)

如果A＞0，则交税；

如果A＜0，则退税。

(3)免抵退税额(C)＝(FOB价格×外汇牌价－免税购料价)×退税率

如果|A|＜C,则实际退税为|A|,出口抵内销为C－|A|；

如果|A|＝C,则实际退税为C,出口抵内销为0；

如果|A|＞C,则实际退税为C,出口抵内销为0,下期留抵为|A|－C。

(二)生产型企业免抵退税的会计处理

【例7-3】 宏达外贸公司为自营出口生产型企业,增值税税率为13%,出口退税率为10%,2021年9月相关业务有:购入原材料一批,取得的增值税专用发票注明的价款为2 000 000元,外购货物准予抵扣增值税260 000元通过认证。当月进料加工免税进口料件的组成计税价格为1 000 000元。上期期末留抵税款80 000元。本月内销货物不含税销售额2 000 000元。本月出口货物销售额折合人民币3 000 000元。

免抵退税不得免征和抵扣税额＝(3 000 000－1 000 000)×(13%－10%)

＝2 000 000×3%＝60 000(元)

当期应纳税额＝2 000 000×13%－(260 000－60 000)－80 000

＝－20 000(元)

出口货物免抵退税额＝(3 000 000－1 000 000)×10%＝2 000 000×10%

＝200 000(元)

应退税额＝20 000(元)

当期免抵税额＝200 000－20 000＝180 000(元)

9月期末留抵结转下期继续抵扣税额为0。会计分录如下:

(1)计算出口货物当期免抵退税不得免征和抵扣税额,调整出口产品成本业务的对应账户为:

借:主营业务成本　　60 000

　贷:应交税费——应交增值税(进项税额转出)　　60 000

(2)生产企业申报退税业务的对应账户为:

借:其他应收款——应收出口退税(增值税)　　20 000

　应交税费——应交增值税(出口抵减内销产品应纳税额)　　180 000

　贷:应交税费——应交增值税(出口退税)　　200 000

课程思政案例

项目七　案例

项目七　实验实训

一、外贸企业出口退税的核算

2021年7月，嘉兴市澳杰公司购进国产机器设备一台，进货价值5 000 000元，增值税税率13%，进项税额650 000元。出口销售折合成人民币8 000 000元，退税率为9%。请按要求完成以下计算并编制会计分录。

(1)计算应退税额。

(2)编制退税的会计分录。

(3)计算应计入成本的税额。

(4)编制计入成本的会计分录。

二、采用加权平均单价核算的出口退税

嘉兴市澳杰公司库存和销售均采用加权平均单价核算。该企业甲商品6月初结余500件，单价10元；2日购入100件，单价11.50元；10日购入300件，单价11元；20日购入100件，单价10.50元；30日出口800件。增值税税率为13%，退税率为9%。请按要求完成以下计算和会计分录：

(1)请按照加权平均法计算甲商品平均单价。

(2)计算应退税额。

(3)编制退税的会计分录。

(4)计算应计入成本的税额。

(5)编制计入成本的会计分录。

项目练习

项目七　练习

综合配套资源

课程标准

教学计划

课程教案

期末测试 A 卷

期末测试 B 卷

视频:教师寄语

参考文献

[1] 方瑛,潘海红.外贸会计实务[M].北京:中国人民大学出版社,2021.
[2] 纪洪天,陈婉芳,冯福妹,等.新编外贸会计[M].7版.上海:立信会计出版社,2019.
[3] 杨瑾淑,佘雪峰.外贸业务会计实务[M].北京:中国人民大学出版社,2017.
[4] 徐艳,费琳琪.外贸会计实务[M].3版.北京:中国人民大学出版社,2019.
[5] 丁元霖.外贸会计[M].5版.上海:立信会计出版社,2019.
[6] 王红珠,方咏梅.外贸会计实务[M].4版.北京:科学出版社,2021.
[7] 万颀钧,公华.外贸会计实务与实训[M].上海:立信会计出版社,2017.
[8] 宫相荣,金春福.国际贸易核算[M].北京:中国财政经济出版社,2012.
[9] 孙文明,周禹.外贸企业的财务管理和会计核算现状研究[J].现代经济信息,2020(6):105,107.
[10] 刘帆.外贸会计课程教学改革的实践分析[J].求知导刊,2019(7):97.
[11] 何畔.《外贸会计》课程教学改革研究[J].科技经济市场,2017(9):134-135.